AF368432

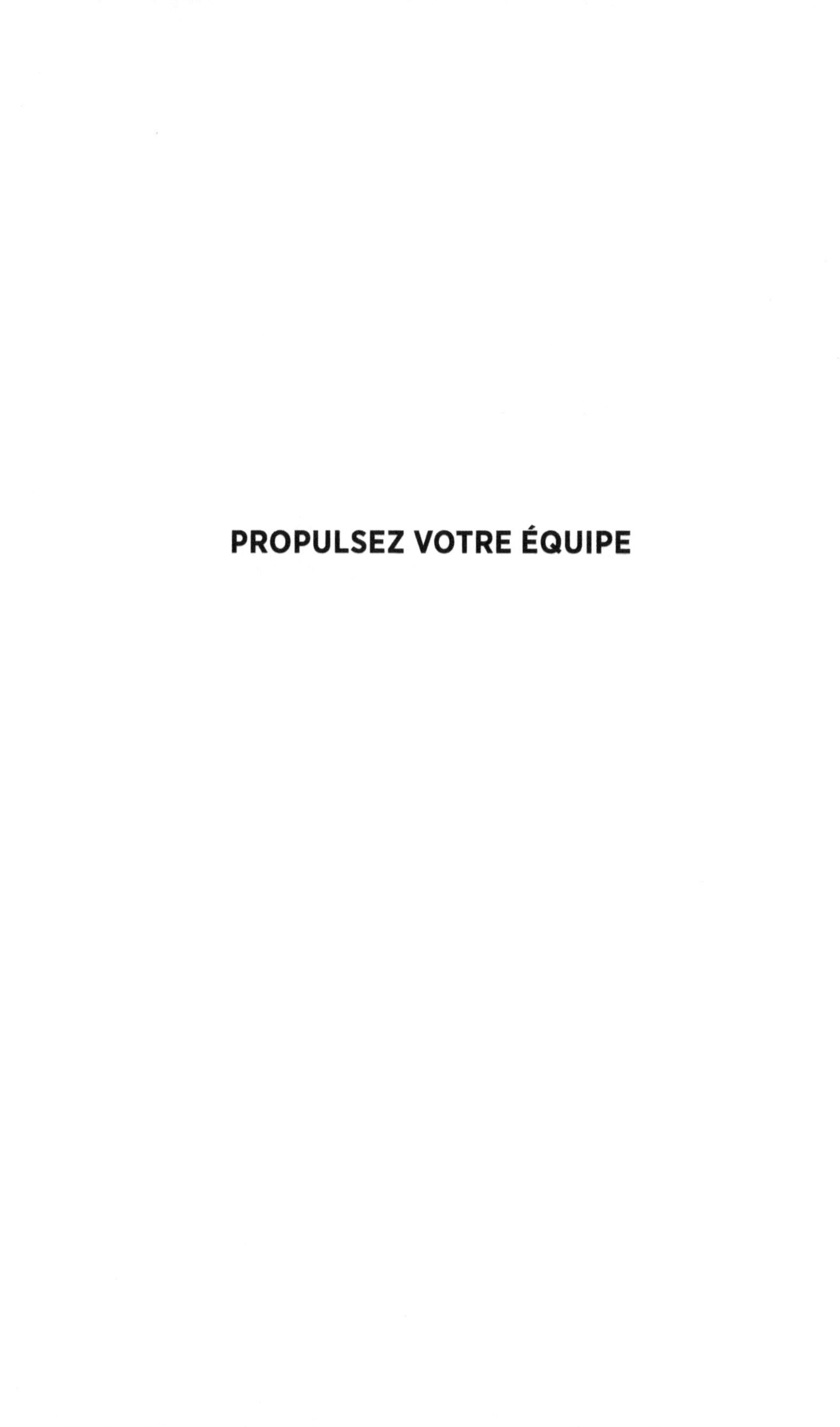

PROPULSEZ VOTRE ÉQUIPE

Produit par :
Éditions Carte blanche
carteblanche.qc.ca
carteblanche@vl.videotron.ca

Dépôt légal : 2ᵉ trimestre 2020
Bibliothèque et Archives nationales du Québec
Bibliothèque et Archives Canada

ISBN : 978-2-9818931-2-3
ISBN (ePub) : 978-2-9818931-1-6
ISBN (pdf) : 978-2-9818931-0-9

CLOÉ CARON

en collaboration avec Anik Desjardins

Guide pratique pour
les leaders stratégiques

Table des matières

CHAPITRE 4
Contrat d'équipe

CHAPITRE 5
Culture

REMERCIEMENTS

Dans le cadre du projet de rédaction de ce livre, j'ai souhaité obtenir la perspective de leaders à succès quant à leur vision et leur façon de gérer leur comité de gestion et leur entreprise. Je vous présenterai donc, au fil des chapitres, certains extraits de ces entrevues, qui ont été riches et ont constitué une source d'inspiration pour la rédaction du présent ouvrage. Mon seul regret est d'avoir dû couper certains passages, par souci de concision.

J'en profite pour remercier chaleureusement mes collaborateurs pour leur temps et leur implication dans ce projet. Tous ont fait preuve d'une grande générosité et d'une intention de démocratiser le leadership. Je vous les présente, avec les rôles qu'ils occupaient au moment de mes entretiens :

- Grégoire Baillargeon, directeur général et chef, Banque d'affaires et services bancaires aux sociétés de BMO Marchés des capitaux, à Montréal ;

- Manon Brouillette, ex-présidente de Vidéotron, aviseure auprès de Fonds d'investissement et administratrice de sociétés ;

- Nicolas Gaudreau, chef de la direction marketing, Reitmans ;

- Charles Guay, président et chef de l'exploitation, SuccessFinder ;

- Sara Leclerc, directrice générale de ViiV Canada ;

- Jan-Fryderyk Pleszczynski, président de 4U2C, Groupe Cirque du Soleil.

Je tiens également à remercier Isabelle Hudon et Sophie Brochu de leurs avis précieux et de leurs contribution au livre.

Merci à l'équipe d'o2 Coaching : Amélie, Karine, Valérie et Mireille, pour leur contribution à mon projet par leur énergie, leur passion et leur rigueur.

Enfin, merci à Anik Desjardins, mon amie de toujours, sans qui ce projet n'aurait pas eu la même envergure. Anik a su mettre certaines de mes idées par écrit, pour en faire un livre dont je suis extrêmement fière !

INTRODUCTION

Je me suis découvert une réelle passion pour le coaching lorsque je suis devenue moi-même gestionnaire, il y a de nombreuses années (j'ai arrêté de compter il y a dix ans). J'ai compris alors que j'avais le choix de demeurer gestionnaire ou de devenir une leader. J'ai fait le pari de devenir leader. Ai-je réussi ? Seules pourront en attester les personnes que j'ai cotoyées. Ce que je sais assurément, c'est que ma quête vers le leadership m'a transformée. J'y ai trouvé mon métier, ma passion ! Tous les jours, comme coach, j'ai le grand privilège d'influencer la vie de leaders qui, eux, par leur propre leadership, influencent la vie de centaines, voire de milliers de gens.

Nous nous sommes donné comme objectif, chez O2 Coaching, d'influencer la vie d'un million de gens, directement ou indirectement, par l'accompagnement que nous offrons à nos clients. Si vous souhaitez en savoir plus sur mon parcours et nos services, je vous invite à visiter notre site Web au www.o2coaching.ca.

Dans le cadre de ma pratique à titre de coach exécutive, j'ai le privilège d'aider des comités de gestion de moyennes et de grandes entreprises à améliorer leur dynamique d'équipe et leur performance. Chaque comité de gestion est unique et entretient une dynamique qui lui est propre. Mon accompagnement est donc un défi chaque fois renouvelé !

Les PDG et membres de comités de gestion ne sont pas toujours conscients de leur influence sur leur organisation. Une prise de conscience de leur influence m'apparaît essentielle pour le bien des équipes et la performance des organisations.

Plusieurs clients se demandent s'ils peuvent vraiment modifier leur style, leur comportement ou leur dynamique d'équipe, une fois qu'ils ont atteint un certain poste ou un certain âge… Je les préviens déjà : il n'y a pas de recette magique pour faire monter la sauce. Toutefois, on peut toujours s'adapter, évoluer et ajouter des ingrédients !

L'idée de ce livre m'est venue après que j'ai constaté à quel point une transformation est possible lorsqu'une équipe décide de remettre en question ses façons de faire et *d'être* afin d'améliorer son influence et ses résultats. Chaque fois, la transformation s'opère…

Au fil des ans, mon approche s'est peaufinée afin d'opérer cette transformation le plus fluidement possible. Mes réflexions sur mon approche m'ont permis d'élaborer un modèle en cinq étapes – que je partage avec vous dans ce livre – que j'applique auprès de toutes les équipes avec lesquelles je travaille.

Ce livre se veut un guide d'accompagnement concret en lien avec mon « modèle des 5 C », pour toute personne ayant comme mandat ou volonté d'améliorer l'efficacité et la dynamique d'équipe. Il s'adresse aux gestionnaires, aux membres de conseils exécutifs et aux équipes de gestion, ainsi qu'aux coachs, aux partenaires d'affaires en ressources humaines et aux conseillers qui les accompagnent.

Fruit de mon expérience à titre de coach stratégique et d'une douzaine d'entrevues réalisées avec des PDG et membres de comités de gestion d'entreprises de différents horizons, le présent ouvrage propose des pistes de réflexion, du vécu, des témoignages concrets, des outils d'évaluation et des exercices au choix pour vous soutenir dans votre cheminement et votre travail au quotidien. Mon intention est de vous proposer de mettre en place des habitudes qui vous procureront, à vous et votre équipe, des résultats concrets.

Bonne lecture !

Cloé Caron

MODE D'EMPLOI

Pour mieux comprendre et utiliser ce guide, voici quelques éléments graphiques que vous retrouverez dans le livre et ce qu'ils représentent.

 Les ressources citées sont disponibles en ligne.
Visitez **membership.propulsezvotreequipe.com**
pour y accéder gratuitement.

 Exercice à réaliser seul ou en équipe

 Un instant de réflexion s'impose

Page de notes
À travers le livre, notez vos réflexions et inscrivez vos réponses
aux questions de coaching.

Questions de coaching
Un approfondissement de votre réflexion est recommandé

Le développement d'une équipe

Michel est directeur des ressources humaines dans le secteur pharmaceutique. Il y a cinq ans, il a accompagné son président et ses six collègues du comité de gestion dans une démarche de consolidation d'équipe. L'exercice a permis d'atteindre un nouveau niveau de collaboration empreint d'authenticité, de confiance et d'ouverture. Cette cohésion a duré quelques années et a contribué à l'atteinte d'excellents résultats d'entreprise. Après le départ d'une collègue et à l'arrivée de deux nouveaux joueurs depuis les deux dernières années, Michel constate que la dynamique s'est de plus en plus transformée, que des sujets de désaccord sont évités et que les intérêts individuels priment parfois sur le bien de l'équipe. Il se questionne pour savoir comment et pourquoi on en est arrivé là...

Chaque équipe, chaque comité de gestion, est unique, tout comme chaque personne qui la compose de par sa personnalité, son bagage de vie, ses croyances, ses perceptions, ses peurs, ses ambitions et ses rêves. Chaque équipe est aussi en constante évolution, tout comme chaque personne qui la compose ; l'adulte, tout comme l'enfant, grandit, évolue et s'adapte tous les jours selon les expériences et les situations qui se présentent sur sa route.

Dans ce contexte, je crois qu'on ne doit jamais tenir pour acquis que notre équipe a atteint un statut fixe, sans potentiel d'évolution. La vie en entreprise porte son lot quotidien de défis auxquels nous nous adaptons et qui sont à la base de notre évolution en tant que personne, gestionnaire ou comité de gestion. Comme leader et comme gestionnaire qui souhaitons progresser, comment les notions de développement de l'adulte et de l'équipe peuvent-elles nous aider à nous situer pour gagner une perspective nouvelle sur la dynamique de notre comité ? En d'autres mots, plus nous nous développons comme humain et comme leader, meilleurs seront les résultats que nous allons créer avec notre équipe.

On n'a jamais fini de grandir !

Les stades de développement de l'humain sont facilement observables au cours des premières années de vie d'un enfant : c'en est fascinant ! Notre enfant apprendra à s'agenouiller, à se tenir debout, à porter la nourriture à sa bouche, à prononcer « papa » et « maman »… La transformation est flagrante et très rapide jusqu'à la fin de la petite enfance, et même jusqu'à l'adolescence. Tous les enfants passent par les mêmes stades de développement, chacun à son rythme. Tous les enfants, ou la plupart, parviendront à marcher, à s'exprimer, perdront leurs dents de lait et traverseront la puberté.

Enfants, nous sommes tous (ou presque) allés à l'école, avons appris des notions par cœur, avons donné de bonnes et de mauvaises réponses, et avons obtenu des diplômes. Devenus adultes, nous avons intégré le marché du travail et progressé dans notre carrière de la même façon, soit grâce à nos « bonnes notes » et à nos réussites. Nous avons fait preuves de compétence, d'autonomie et, éventuellement, avons atteint un objectif donné, une indépendance financière ou un poste tant convoité… Et c'est, pour beaucoup, à ce moment que nous nous sommes arrêtés. Tristement, nous avons cessé de nous améliorer et de nous développer, convaincus que nous avions « atteint le sommet ».

1. Voir WILBER Ken, KEGAN Robert, TORBERT Bill et COOK-GREUTER Susanne.

En devenant adulte, dès que nous quittons les bancs d'école, nous oublions trop souvent que la notion de développement de notre potentiel s'applique toujours. Saviez-vous que la recherche en psychologie s'intéresse aujourd'hui à documenter les stades de développement de l'adulte ? Eh bien, oui. Je suis toujours fascinée de lire les différentes théories récentes de chercheurs et psychologues américains à ce sujet[1]. Selon ces derniers, il est donc possible de continuer à « grandir » toute sa vie, dans la mesure où l'on en a la volonté et où l'on est prêt à déployer des efforts conscients. N'est-ce pas stimulant ?

Les stades de développement adulte sont évidemment beaucoup plus subtils, et donc plus difficiles à détecter, que ceux de l'enfant. Ils ne sont pas visibles à l'œil nu. Ils renvoient à une plus grande connaissance et conscience de soi, à une plus grande maîtrise de sa conduite, de son ego, à l'acquisition d'une meilleure capacité à se gérer soi-même ainsi que ses relations avec autrui. Divers modèles sont proposés et regroupent par degrés les stades du développement humain.

Bill Joiner et Stephen Josephs, auteurs de *Leadership Agility : Five Levels of Mastery for Anticipating and Initiating Changes*[2], ont fait le travail de réviser et transposer les notions de développement des adultes à un contexte de leadership.

2. JOINER Bill et JOSEPHS Stephen, *Leadership Agility : Five Levels of Mastery for Anticipating and Initiating Changes*, 2007.

Selon Joiner et Josephs, environ **45 %** des gens se situent à un degré **« expert »**. Dans leur milieu de travail, ces gens ont besoin de suivre des règles claires, de se focaliser sur l'expertise, les procédures, la résolution de problèmes et l'efficacité. Pour les experts qui deviennent gestionnaires, le leadership est essentiellement tactique. Leur approche est orientée sur la « tâche » et leur perfectionnisme rend difficile le détachement par rapport aux détails. Ces gestionnaires sont mal à l'aise quand vient le temps de donner ou de recevoir une rétroaction, de gérer les conflits ou les changements, et de rallier les gens. Au chapitre 3, nous explorerons comment ce degré correspond à un style de leadership fondé sur l'expertise.

Environ **35 %** des individus seraient à un degré de développement dit **« performant »**. Au travail, ils seront autodéterminés, se focaliseront sur les résultats et ils peuvent jongler avec des méthodes de travail créatives pour atteindre les résultats qu'ils visent. Les gestionnaires rendus à ce stade de développement exercent un leadership stratégique où leur sens de la gestion et leurs objectifs sont plus larges. Ils mettent au défi leurs équipes de travail et sont en mesure d'intégrer la perspective d'autrui. Ils préfèrent toutefois convaincre et obtenir consensus quant à leurs idées. Ils acceptent la rétroaction et peuvent aussi en donner. Ils sont capables d'aborder des conversations difficiles et de gérer les conflits ; ils sont à l'aise dans la gestion du changement.

Environ **5 %** des gens seraient à un degré **« catalyseur »**. Ces individus questionnent leurs propres suppositions, ajustent leur conduite au contexte, perçoivent la pleine valeur d'une rétroaction et se soucient constamment de l'épanouissement des autres individus. Les gestionnaires arrivés à ce stade font preuve d'un leadership visionnaire, participatif et qui transforme les visions en réalité. Ils ont une conscience très vaste, savent adapter leur communication selon le contexte. Leur ego a « fondu » et ils comprennent la relation abstraite entre eux-mêmes et leur environnement. Ils responsabilisent leurs équipes et croient en la valeur que les collègues apportent à la qualité des décisions. Tout peut être discuté ou remis en question, et ils valorisent le fait d'apprendre des points de vue de tout un chacun. Ils s'intéressent au développement d'équipe comme véhicule du perfectionnement de leadership.

Le reste de la société se situerait à des degrés pré-experts (**10 %**) ou supérieurs, à titre de cocréateurs et de synergistes (**5 %**). Se développer en tant qu'adulte peut devenir un avantage de taille pour les gestionnaires, leur permettant d'intégrer différentes perspectives, de faire preuve de vision, d'un leadership mobilisateur, de gérer le changement et d'être mieux outillés pour naviguer aisément les eaux troubles dans un marché du travail de plus en plus complexe.

Cultiver un esprit de développement

Comme nous venons de le voir, les notions de développement de l'adulte nous offrent des pistes de réflexion pertinentes pour comprendre comment les gens qui s'engagent dans le développement personnel, en y voyant le parcours de toute une vie, peuvent aspirer à devenir des gestionnaires adaptables, influents, transformateurs et capables de gérer davantage la complexité des organisations.

3. DWECK Carol, *The Way You think To Fulfil Your Potential*, 2012.

Bien que les recherches sur les transitions d'un stade de développement à l'autre soient encore limitées, il m'apparaît essentiel de cultiver un esprit de développement – par opposition à un état d'esprit fixe. Un « esprit de développement »[3] fera toute la différence pour acquérir de nouvelles perspectives et évoluer comme personne, comme gestionnaire, comme leader. De quel état d'esprit s'agit-il au juste ? Comment remédier à un état d'esprit fixe ?

Esprit fixe

D'abord, un leader qui se trouve dans **un état d'esprit fixe** aura l'impression d'avoir « atteint le sommet », d'être « arrivé à destination » grâce à ses talents innés. Avec ses diplômes et ses expériences en poche, il a confiance en ses compétences, en ses moyens, il a réponse à tout, sait quoi faire et quand le faire. Il néglige donc tout effort de progression puisqu'il croit qu'il n'en a plus besoin. C'est le reflet de l'approche traditionnelle avec laquelle nous avons grandi. C'est ainsi que plus de la moitié d'entre nous, dans la population, demeurons au stade de développement du conformiste ou de l'expert, renonçant à devenir hautement fonctionnels, adaptables, indépendants, libérés de la dynamique « scolaire » orientée sur les résultats – libérés, donc, du regard d'autrui.

N'avons-nous pas le devoir de « grandir », en tant que personne, de rayonner auprès d'autrui et de nous élever vers de plus hauts sommets encore, au bénéfice de nous-mêmes et de nos équipes ?

Esprit de développement

Le leader qui cultive **un esprit de développement** valorisera le rayonnement de ses talents à travers le travail, la rétroaction et des stratégies efficaces. Il perçoit la connaissance de soi et le développement personnel comme des leviers de réussite dans son rôle. Il considère qu'il n'a pas encore atteint le sommet. Il reconnaît les obstacles qui se dressent sur sa route, reconnaît avoir besoin de l'aide d'autrui et se donne des moyens pour se perfectionner. Il n'a pas peur de l'échec puisqu'il le considère comme une occasion de continuer à grandir et à apprendre. Il accède donc à sa vulnérabilité et à son courage. Pour ce leader, il y a toujours place à l'amélioration et à l'évolution, tout en reconnaissant ce qui a été réalisé dans le passé.

Les athlètes illustrent bien cette notion. Ils concentrent leurs énergies et leurs efforts, tout au long de leur carrière, au dépassement de leurs propres limites pour gagner, par exemple, le millième de seconde supplémentaire qui fera la différence. Ils ont compris que c'est chaque petit pas franchi qui compte. En affaires, on a parfois tendance à l'oublier. Comme les athlètes, les leaders qui cultivent un esprit de développement visent toujours le dépassement de soi et considèrent les petites améliorations personnelles comme de grandes victoires. L'importance n'est pas accordée à sa valeur actuelle en tant que leader mais plutôt à la valeur qui peut être développée dans le futur.

Pour faire face à la complexité du monde du travail actuel, un tel esprit de développement m'apparaît essentiel à acquérir et à cultiver lorsqu'on joue un rôle exécutif en entreprise. Je vous l'accorde, cela demande beaucoup d'ouverture d'esprit et d'humilité puisqu'il faut accepter de se remettre constamment en question. Pas reposant !

Comme coach, je constate que les gens qui travaillent avec un coach sont très conscients qu'ils peuvent s'améliorer et trouver de meilleures façons d'atteindre leurs objectifs. Ils sont prêts à intégrer de nouvelles façons d'être et de faire. Nos clients, chez O2 Coaching, ont généralement déjà beaucoup de succès. Ils sont soit considérés comme des gestionnaires à haut potentiel – des aspirants à la succession – ou exercent déjà un rôle exécutif. Même s'ils peuvent se considérer comme étant déjà « au sommet », ils savent par expérience que toute amélioration aura un effet notable dans leur équipe et leur organisation.

Notre équipe de gestion grandit aussi

Je propose que nous transposions cette notion d'esprit de développement pour l'appliquer à une dynamique d'équipe. Comme les individus, une équipe peut aussi faire place à l'amélioration et à l'évolution. Et une équipe qui se développe traversera des phases, tout comme un enfant ou un adulte qui continue de grandir. Une équipe de gestion améliorera ainsi son écoute et sa collaboration, précisera son intention et sa mission, passera du « je » au « nous »...

4. TUCKMAN Bruce W., « Developmental sequence in small groups ». *Psychological Bulletin.* 63 (6): 384-399, 2012.

Les phases de développement d'une équipe ont d'ailleurs été circonscrites depuis longtemps par un socio-psychologue américain connu, Bruce Tuckman. Selon le modèle de Tuckman[4], les équipes passent inévitablement par ces phases pour atteindre leur pleine maturité, leur pleine performance en tant qu'équipe.

Tuckman propose les premiers fondements pour comprendre le perfectionnement de la dynamique d'une équipe et pour situer celle-ci afin de favoriser une intervention adaptée lorsqu'on souhaite l'améliorer. En quoi la connaissance de ces phases peut-elle vous être utile, en tant que membre d'un comité de gestion souhaitant améliorer sa dynamique d'équipe ?

4 phases de développement d'une équipe

Phase de formation (*Forming*)

La phase de **formation** de l'équipe permet d'établir le contact. C'est dans cette phase que les membres de l'équipe apprennent à se connaître, chacun avec son bagage, son expérience, ses talents, ses compétences, sa personnalité. C'est un stade où l'on fait encore preuve de politesse, où les intérêts individuels priment sur ceux de l'équipe, où l'on observe et se fait une première impression. On s'entend sur les objectifs à atteindre. En donnant le ton, le leader du groupe peut contribuer à créer un climat de dialogue et de confiance propice à passer à la deuxième phase.

Que faire comme leader pendant cette phase ? En faisant lui-même preuve de vulnérabilité, le leader invitera les gens à se « dire les vraies choses », dans un esprit constructif, dans un espace de non-jugement, et favorisera ainsi la réflexion d'équipe. Ceci permettra aux membres de l'équipe d'oser, de prendre des risques et de constater que c'est bien accueilli.

Phase de tension (*Storming*)

C'est dans cette phase de **tension** qu'on acquiert la capacité d'entrer dans le vif du sujet, en abaissant les barrières de la politesse, en donnant son opinion, même au risque d'engendrer des altercations ou des conflits. Chacun cherche à faire entendre son point de vue et des sous-groupes peuvent se former. Il est aussi possible à cette phase de voir de l'évitement de conflits, une stratégie permettant difficilement de résoudre les problèmes. Le leader peut traverser cette phase en abordant les conversations difficiles, en gérant les conflits et en établissant des balises afin de bien fonctionner ensemble.

Que faire comme leader pendant cette phase ? Le leader doit s'assurer d'aborder honnêtement les conversations difficiles et de gérer les conflits sans les laisser dégénérer, en établissant des balises pour un meilleur fonctionnement de l'équipe.

Phase de normalisation (*Norming*)

Durant la phase de **normalisation**, on s'habitue les uns aux autres, on augmente sa confiance et sa productivité. Cette phase peut être atteinte lorsqu'on a appris à résoudre les conflits de divergence, qu'on a formulé un objectif commun et qu'un esprit de coopération émerge. L'équipe se structure en se donnant des rôles, des habitudes de travail et des règles de fonctionnement. L'intention s'oriente vers un succès d'équipe plutôt qu'une réussite individuelle.

Que faire comme leader pendant cette phase ? Le leader doit s'assurer de bien définir les grandes orientations et la direction commune, tout en favorisant l'autonomie et la responsabilisation de l'équipe.

Phase de performance (*Performing*)

Pendant cette phase d'exécution, on coopère sans limite vers un but commun, pour une **performance** et une réussite accrues. Cette phase engendre la mobilisation, le dévouement et l'autonomie. Les divergences d'opinions sont souhaitées et bienvenues, elles sont partagées par des moyens convenus en équipe. Le processus de décision est facilité et efficace.

Quoi faire comme leader pendant cette phase ? Le leader peut se concentrer sur la stratégie et la synergie de l'équipe en faisant confiance à la capacité de l'équipe de prendre en charge.

Les phases d'un tel modèle ne sont évidemment pas linéaires : l'équipe évoluera selon son propre rythme, sautera peut-être une étape, restera coincée à une phase, ou encore régressera. Une même équipe passera par toutes les phases avant de refaire le cycle, de régresser, d'évoluer de nouveau… On ne peut donc jamais tenir pour acquis que l'équipe a atteint son sommet.

Il faut bien comprendre que chaque fois qu'un joueur quitte l'équipe ou l'intègre, il se crée *de facto* une nouvelle équipe avec une nouvelle identité et une dynamique propre. Une dynamique d'équipe n'a rien de statique, elle est en constante mouvance. Lorsqu'un nouveau joueur entre dans l'équipe, il importe de prendre conscience que l'équipe réintègre la première phase de sa formation, avec peut-être une longueur d'avance… Et que de là, le cycle recommence.

J'ai rencontré Michel pour discuter de la situation et de l'évolution de son comité de gestion. Il trouve que la dynamique constatée il y a quelques années a complètement changé. Il prend conscience de l'effet du départ d'une collègue sur l'ensemble du groupe : l'ex-directrice marketing jouait jusque-là un rôle informel de gardienne de la cohérence, un rôle qui n'est plus joué par personne. L'intégration de deux nouveaux joueurs, avec leurs interventions, leur personnalité et leur bagage respectifs, donne aussi une tout autre saveur aux relations, aux discussions et aux décisions. Nous entamons ensemble une réflexion sur les prochaines étapes à suivre pour réaliser son intention de contribuer à l'amélioration de la performance de l'équipe. Ce travail deviendra la base du processus d'accompagnement et du modèle d'o2 Coaching, que je propose et que j'adapte maintenant auprès de différents comités de gestion.

QUESTIONS DE COACHING

- Comment qualifiez-vous votre état d'esprit ?

- Comment souhaitez-vous cultiver votre esprit de développement au cours des prochains mois ?

- À quelle phase de développement votre comité de gestion se situe-t-il ?

- Comment pouvez-vous contribuer au perfectionnement de votre équipe de gestion ?

- Quels seront selon vous les prochains gestes à poser ?

NOTES

5 étapes pour améliorer l'efficacité et la dynamique d'équipe

Le modèle des 5C

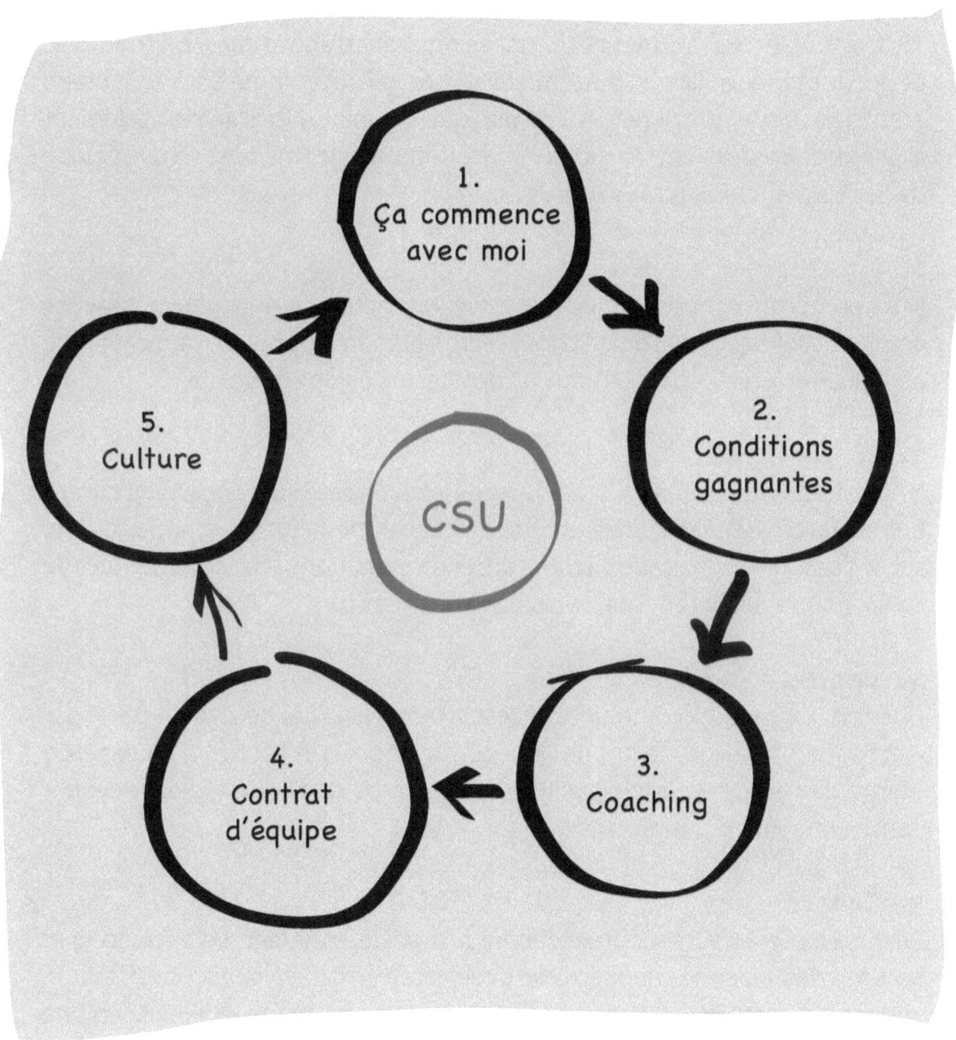

Lorsque que je collabore avec un comité de gestion pour améliorer sa dynamique d'équipe, je passe généralement à travers les cinq étapes suivantes : c'est ce parcours que je vous propose de suivre à l'aide de ce livre.

1. Ça commence avec moi

J'inviterai le lecteur à commencer par se regarder d'abord dans le miroir, avec douceur et bienveillance, pour mieux se connaître, comme première étape essentielle pour contribuer à sa dynamique d'équipe. Nous allons également aller à la rencontre d'autrui – comprendre comment les membres d'une équipe tissent des liens les uns avec les autres.

2. Conditions gagnantes

Nous prendrons conscience des conditions gagnantes que nous pouvons mettre en place, à chaque phase que traverse une équipe, pour établir un climat de confiance et jeter les bases d'une performance d'équipe optimale.

3. Coaching

Nous verrons comment un style de leadership orienté sur le coaching contribuera à favoriser une vision stratégique à long terme, laquelle est nécessaire au succès de toute organisation. Nous apprendrons à apprivoiser cette posture de coach pour pouvoir l'adopter le plus souvent possible.

4. Contrat d'équipe

Une fois la « partie » commencée, c'est la responsabilité de chacun de ne pas « échapper la balle », de donner le meilleur de soi ! Un contrat d'équipe permettra de consolider les engagements individuels et d'équipe, de se dévouer consciemment pour la réussite.

5. Culture

En ayant intégré les étapes précédentes du modèle, en gérant avec tête, cœur et courage ainsi qu'en développant votre capacité à avoir des vraies conversations, vous transformerez nécessairement votre culture organisationnelle en une culture de responsabilisation et d'innovation.

Ce modèle d'accompagnement pour améliorer votre dynamique d'équipe de gestion et votre influence est évidemment adaptable, et mon intention, par ce livre, est de susciter votre réflexion et de vous offrir des pistes d'action qui peuvent s'appliquer à votre contexte.

Pourquoi ce modèle est-il efficace et fait-il ses preuves dans différentes organisations ? J'ai la ferme conviction que c'est grâce à l'adoption d'une posture de coach par l'accompagnateur. C'est en effet ce que m'ont signifié mes clients. Mon focus est de passer de la théorie et de la conception intellectuelle à l'intégration concrète, physique et affective. Nous sommes tous en mesure de comprendre et d'intellectualiser des notions de bonne gestion et de leadership. Notre vrai défi est de les intégrer à notre conduite au quotidien. Je vous souhaite donc, à vous et à votre équipe, l'amorce d'une transformation, aussi légère soit-elle.

La raison d'être du leader stratégique

Durant mes années à titre de coach, je me suis rendu compte qu'un élément en particulier, en plus du modèle des 5C, permettait réellement aux leaders d'opérer un changement dans leur *état d'esprit* et d'avoir une réelle influence sur leur équipe et leur organisation. Mais avant de vous parler plus en détail de cet élément qui fera toute une différence dans votre carrière, j'aimerais vous inviter à réfléchir sur ces questions : « Sur quel élément concentrez-vous principalement votre attention dans votre poste actuel ? Quelle est la tâche de votre travail qui vous demande le plus d'attention ? Est-ce que vous croyez que vous devez y passer autant de temps ? Sur quoi devriez-vous plutôt diriger votre attention ? »

?   Je vous pose ces questions car tous les leaders que je connais et que j'ai accompagnés ont de la difficulté à concentrer leur attention et leur énergie sur ce qui compte réellement, sur l'influence qu'ils peuvent et doivent avoir sur leur organisation à titre de leaders. Comme gestionnaires, ils se perdent souvent dans des tâches opérationnelles, des urgences et des questions de leur équipe. Mais est-ce là réellement leur rôle, leur raison d'être en tant que leaders ?

Vous comprendrez donc que cet élément dont je vous parlais ci-haut, qui fera toute la différence dans votre carrière, est rattaché à mes questions. En fait, après avoir accompagné de nombreux leaders, dans plusieurs contextes différents, j'ai développé ce que j'appelle la *contribution stratégique unique* (CSU), qui consiste à diriger son attention et son énergie sur ce qui importe, afin d'avoir ainsi l'influence que l'on souhaite vraiment exercer. **La contribution stratégique unique est un concept qui vous permet de déterminer votre plus haut niveau stratégique, c'est-à-dire ce que seul vous-même devez accomplir dans votre équipe.** C'est l'élément sur lequel vous devrez porter votre attention pour arriver à créer l'influence que vous souhaitez avoir sur votre organisation.

**Pour déterminer votre CSU,
voici quelques questions à vous poser :**

- Qu'est-ce qui, dans mon rôle, ne peut être fait que par moi-même?

- Quelle est ma contribution stratégique unique, que seul moi-même peux proposer et qui est mon plus haut niveau stratégique possible?

Je vous suggère de faire l'exercice de déterminer votre CSU en comité de gestion. Faites un tour de table en demandant à chacun de nommer les responsabilités qui ne peuvent être endossées que par lui-même. C'est magique! On se rend généralement compte qu'il y a trois ou quatre zones concernées. Ensuite, en lien avec le livre *Les 7 Habitudes des gens efficaces* de Stephen Covey[5], calculez la proportion de temps consacrée à ces zones versus ce qui est urgent, mais non important. Sachant que vous devriez passer 80 % de votre temps dans les zones de CSU, que pouvez-vous confier à vos équipes, tout en les coachant à en prendre le relais?

5. COVEY Stephen R., *Les 7 Habitudes des gens efficaces*, 1989.

L'exercice de CSU peut aussi être transposé à l'équipe. Quelle est votre CSU, à titre de comité de gestion ou de conseil d'administration? Comment pouvez-vous y passer la majorité de votre temps? Comment pouvez-vous transférer le reste à l'équipe?

Lors d'une de mes discussions avec un directeur des ventes au sujet de sa CSU, il m'avait mentionné qu'il était le seul à parler aux clients de comptes majeurs. Je lui ai demandé : « Es-tu vraiment le seul qui peut le faire dans l'organisation? » Car là est vraiment la question, peut-être êtes-vous le seul à assumer une responsabilité actuellement alors qu'elle devrait être déléguée.

Beaucoup d'équipes de gestion demeurent opérationnelles puisqu'on exige de leurs membres qu'ils soient à la fois leaders, gestionnaires et joueurs opérationnels. Vous devez faire preuve de courage pour devenir le leader dont votre équipe a besoin. Elle a besoin d'un chef d'orchestre, qui propose une direction, qui assure le développement des gens, qui gère et promeut la performance. Vous devez jouer la partie au plus haut niveau stratégique possible. Tout le reste doit être délégué, même si vous possédez l'expertise pour le faire.

Maintenant, c'est à votre tour d'identifier votre CSU :

- Réfléchissez à l'impact stratégique que vous devriez avoir dans votre rôle.
- Pensez aux trois aspects principaux de votre rôle que vous seul pouvez et devez faire ? En d'autres termes, si vous vous concentriez uniquement sur ces aspects et rien d'autre, vous seriez au cœur de votre rôle.
- Pensez à tout ce qui n'est pas dans votre CSU. Comment pourriez-vous déléguer ou réorganiser pour que cela ne vous prenne pas trop de temps ?

Écrivez votre CSU ici :

Ma CSU est de ____

afin de créer ____

et d'influencer mon équipe en ___________________________________.

Garder le focus sur la CSU

Une fois que vous avez déterminé votre CSU, il faut maintenant vous assurer que la grande majorité de vos intentions et de votre attention y sont consacrées. Je vous mets en garde dès le départ, ça ne sera pas facile, car vous avez, pour la plupart, bâti votre carrière en étant des experts dans votre domaine. Vous aurez donc tendance à revenir à votre statut d'expert pour régler toutes les urgences et les problèmes par vous-même, au lieu de laisser votre équipe s'en occuper pour ainsi vous concentrer sur votre CSU, sur ce qui compte vraiment.

Cependant, dites-vous que si vous voulez arriver à votre CSU, vous allez devoir dire non au reste. C'est votre équipe qui devra prendre le relais de certaines tâches n'entrant pas dans votre CSU, tâches que vous lui aurez nécessairement déléguées.

La seule façon de pleinement vivre une culture qui favorise l'imputabilité, c'est-à-dire où chacun gère son secteur comme s'il en était le PDG, une culture qui favorise la responsabilisation, l'innovation, la collaboration et l'agilité, c'est de donner aux gens toute la latitude pour prendre leurs propres décisions. Il faut vous retenir d'intervenir dans ce qui n'est pas votre CSU et accepter que les gens fassent des erreurs en apprenant et en se développant.

Le défi se situe dans l'équilibre. Certains comités de gestion sont très stratégiques et ont de la difficulté à traduire opérationnellement leurs intentions. D'autres comités de gestion sont dans l'exécution et peu dans la CSU. Le défi est de trouver l'équilibre entre, à la fois, être proche des opérations, pour bien comprendre et « sentir » ce qui se passe sur le terrain, et assumer les responsabilités du ressort du comité de gestion.

Ce sera un défi quotidien de toujours rester concentré sur votre CSU, mais je vous assure que, pour l'avoir expérimenté avec plusieurs cadres et par moi-même, lorsque vous y parviendrez, vous vous en rendrez compte et vous verrez à quel point votre influence sera différente. D'ailleurs, plus vous serez concentré sur votre CSU, plus vous constaterez de résultats.

Pour le reste de votre lecture, je vous conseille donc de garder en tête votre CSU, car de nombreux éléments du modèle des 5C vous permettront d'y consacrer votre attention.

NOTES

Témoignages

Tous les leaders que j'ai rencontrés dans le cadre du projet de rédaction de ce livre m'ont témoigné, avec ouverture et humilité, la conscience de leur influence au sein de leur organisation. Ils sont d'abord conscients qu'aucune recette ne peut être appliquée et du défi que comporte la gestion d'une équipe avec son unicité propre. Tous les leaders interviewés reconnaissent aussi d'entrée de jeu que chaque équipe de gestion est unique, et ils abordent l'importance de s'adapter à chaque contexte.

Sara Leclerc, qui était, au moment de mes entretiens, directrice générale de ViiV Canada, dont l'équipe s'est donné pour mission de ne laisser de côté aucune personne vivant avec le VIH, me disait que « les gens sont sur notre chemin pour une raison, [qu']il faut grandir à partir de celle-ci et se laisser inspirer par ce qu'ils apportent ». Sara est très ouverte et consciente de l'unicité des gens et des équipes. Elle ajoute que comme leader, on crée une équipe diversifiée et que tous les membres doivent atteindre leur plein potentiel en étant eux-mêmes.

Charles Guay est un bâtisseur et agent de changement reconnu, qui a été président et chef de la direction de Placements Banque Nationale, Standard Life Canada et Manuvie Québec avant d'accepter la présidence de Success-Finder. Pour lui, à titre de leader, il lui appartient de s'adapter à chacun de ses comités de gestion selon leur contexte et les besoins de l'entreprise et de son équipe. Par exemple, son leadership s'est exprimé différemment dans sa carrière selon un contexte de petite ou de grande entreprise.

Nicolas Gaudreau est chef de la direction marketing chez Reitmans. Expert numérique, il a été reconnu par la firme Deloitte, en collaboration avec Info-Presse, parmi les cinq visionnaires du marketing en 2019. Il abonde aussi en ce sens, en disant : « On agit, on essaie, on s'ajuste, on recommence ; aujourd'hui, le marché change tous les six mois – la rétroaction est instantanée. Il faut être agile. On doit être résilient, on doit être humble face à sa façon de faire et ne pas y attacher trop d'importance pour être capable de s'adapter. » Le secret de sa réussite se trouve aussi dans l'adaptation au quotidien, et il me dit que la qualité la plus importante du leader est la conscience de soi. Pour Nicolas, le gestionnaire doit apprendre à se connaître, à demander de l'aide quand il n'a pas réponse à tout, et à être conscient de l'influence qu'il exerce sur autrui. Voici que la table est mise pour notre premier chapitre.

Ça commence avec moi

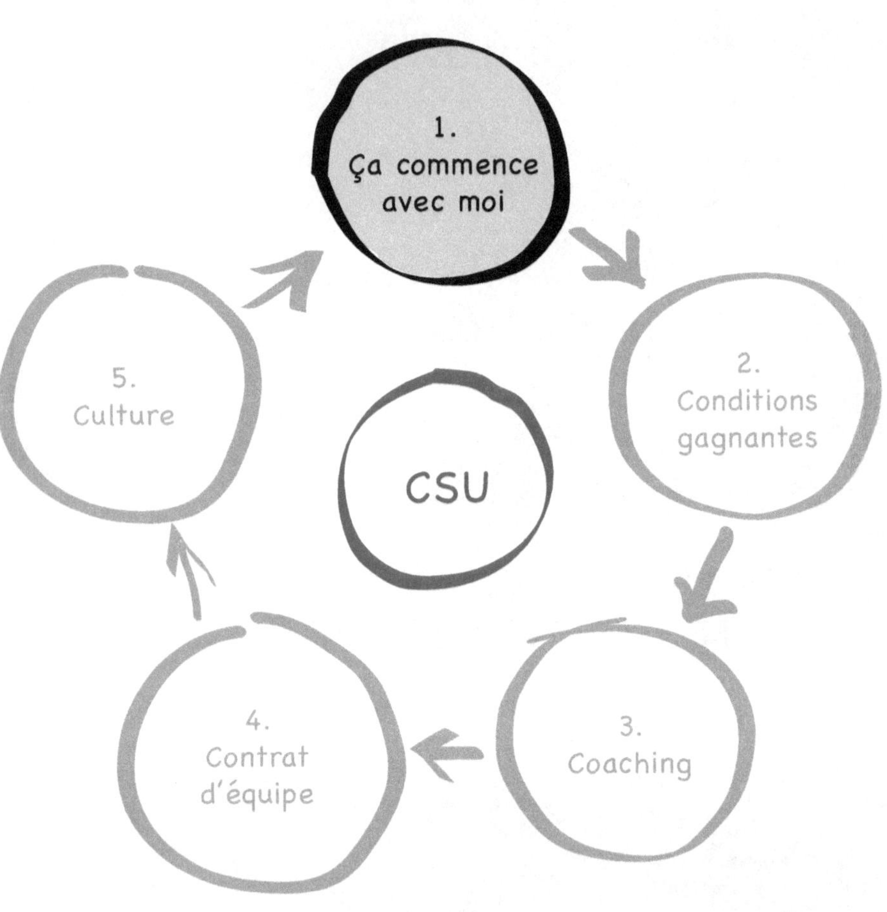

1.
Ça commence avec moi
2.
Conditions gagnantes
3.
Coaching
4.
Contrat d'équipe
5.
Culture
CSU

Me connaître

Lyne a été nommée directrice générale, il y a environ un an, d'une entreprise de fabrication de 600 employés. Elle a gravi les échelons depuis quatorze ans au sein de l'entreprise. Elle a débuté comme directrice des ventes et son rôle s'est élargi au fil des années. Ses collègues ont toujours aimé travailler avec elle. Elle aime collaborer et a toujours entretenu d'excellentes relations avec tous. Depuis qu'elle est en poste à la direction générale, les objectifs de ventes et d'entreprise sont difficiles à atteindre. Elle sent beaucoup de pression. L'attention est désormais concentrée sur les indicateurs financiers. Depuis environ deux mois, deux de ses directrices lui donnent régulièrement une rétroaction franche au sujet de son manque de disponibilité, de son manque d'écoute et de son approche plus directive qu'auparavant. Elle résiste à intégrer ces commentaires, qu'elle met sur le compte de la pression. Lyne sent qu'elle devrait « entendre » davantage les rétroactions mais ne se sent pas la force de le faire. Elle travaille si fort, se concentre sur les résultats et se dit que les choses devraient finir par se placer quand la réussite sera au rendez-vous.

Comme première étape essentielle pour contribuer à une dynamique d'équipe, je propose à chacun de commencer par se regarder soi-même, en cultivant un esprit de développement, avec douceur et bienveillance, pour mieux se connaître et prendre conscience de ce qu'on a de mieux à donner – sa contribution à titre de leader – et aussi, pour apprendre à reconnaître ses angles morts.

Mon but, en écrivant ce livre, est non seulement de vous proposer des outils pratiques et des perspectives nouvelles, mais aussi de vous amener à réfléchir sur ce que vous voulez mettre en place pour optimiser le climat et la dynamique de votre équipe.

C'est plus de quatre cents ans avant Jésus-Christ que Socrate nous a éclairé avec son fameux « Connais-toi toi-même ». Cela semble si simple et évident ! Pourtant, nous vivons dans un environnement d'affaires où les egos sont pesants et prennent beaucoup de place, agissant comme des freins contre l'auto-observation et la connaissance de soi.

Notre ego, un obstacle à la connaissance de soi

L'Internaute offre une description intéressante de la notion d'ego, qui « est souvent perçu comme la substance de notre personnalité, dans le domaine psychologique. Dans le domaine spirituel, l'ego est plutôt vu comme ce qui nous empêche d'atteindre à une forme de vérité, de profondeur ». Une entrave à notre vérité, à notre profondeur, voilà le coupable, l'entrave à la connaissance de soi !

Lyne mentionnait lors d'un entretien : « Je ne suis pas la même personne au travail qu'à la maison », comme si elle jouait à être un personnage différent dans son milieu de travail. Lyne s'est questionnée sur son ego, elle a réalisé qu'il l'empêchait d'être pleinement authentique et d'entendre la rétroaction de ses employées quant à son manque de disponibilité, son manque d'écoute et son approche directive. Son ego lui servait de bouclier pour ne pas se laisser toucher par ces commentaires qui, au fond, la blessaient. Assumer que c'était blessant impliquait de se sentir vulnérable, et cet état était inconfortable. L'ego est un cachottier qui se réfugie derrière l'image de soi que l'on veut projeter. Lyne a réalisé que son « vrai soi » ne pouvait pas se dévoiler sans qu'elle mette en lumière le lien entre ce qu'elle était comme personne et ce qu'elle était comme gestionnaire.

L'ego est aussi la partie de nous qui ne veut pas échouer, qui veut et qui doit avoir raison puisqu'il nous permet de survivre. Il ne fait pas toujours la différence entre un mammouth et un enjeu en comité de gestion ! Rappelons que notre cerveau a été formé pour assurer notre survie en réagissant physiologiquement lorsqu'il sent une menace. Cette réaction innée de combat ou de fuite nous était très utile dans la Préhistoire mais ne nous rend malheureusement pas apte, aujourd'hui, à gérer naturellement un enjeu par la communication.

Notre ego réagit encore parfois à une situation critique comme si notre vie en dépendait. Commencez-vous à le reconnaître ? S'il n'est pas nourri dans le succès, il s'agite et s'éteint. Or, quand je ne peux pas échouer, je ne peux pas être vulnérable, et si je ne peux pas être vulnérable, je peux difficilement accéder à une compréhension claire de qui je suis réellement comme gestionnaire.

Comme leader, il est important de ne pas vivre dans notre ego. Pour l'adoucir, commençons à nous observer, à reconnaître nos propres comportements, nos besoins, nos désirs, nos déclencheurs, nos émotions et les causes et effets qui créent les événements. Et prenons conscience de notre influence, en dépit de notre intention. Apprenons à gérer nos émotions plutôt qu'à les laisser nous submerger. Commencer à nous connaître et à reconnaître la complexité de notre monde intérieur et de nos interactions ouvre à la lucidité qui permet de mieux comprendre la nature humaine. C'est aussi cette lucidité qui nous habilitera à discerner et à cultiver un esprit critique, ou plutôt une capacité à ne pas juger trop vite... On dit que les grands leaders ont une conscience de soi élevée. On comprend en quoi cela leur est si utile.

Ce chemin n'est pas toujours facile. L'ego n'aime pas nécessairement apprendre. Il n'aime pas se faire dire qu'il « ne sait pas », qu'il « ne maîtrise pas suffisamment » une compétence. C'est douloureux pour lui ! Il ne souhaite pas douter de sa capacité à apprendre, il préfère tout savoir tout de suite ! Ne pas remettre en question ses convictions ni être jugé.

Pourtant, il est utopique d'aspirer à maîtriser une compétence – qu'il s'agisse de savoir technique ou de connaissance de soi – sans en apprendre les rouages, sans investir du temps et des efforts d'entraînement. Malgré leur talent naturel, tous les grands sportifs et les grands musiciens consacrent quotidiennement des heures à la pratique, même lorsqu'ils atteignent la gloire.

6. LALLY P., VAN JAARSVELD C.H.M., POTTS H.W.W., WARDLE J. « How are habits formed: modeling habit formation in the real world », *European Journal of Social Psychology*, Vol. 40, Issue 6 (2009)

Apprendre est un processus. Quand on considère le temps requis pour un changement d'habitude, on prend conscience que chacun suit son propre rythme mais aussi que rien ne s'acquiert rapidement ni facilement. Une étude menée par l'*European Journal of Social Psychology*[6] a démontré que le temps requis pour acquérir une nouvelle habitude (aussi simple que manger un aliment) variait de 18 jours à 254 jours selon les 96 participants !

Il faudra donc investir temps et effort dans le processus d'apprentissage et de connaissance de soi.

Le processus de connaissance de soi

7. Les quatre stades d'apprentissage ont été définis à l'origine par Noel Burch, un employé de Gordon Training International dans les années 1970.

Acceptons de ne pas tout maîtriser tout de suite (note à moi-même !) et commençons par revisiter les quatre stades d'apprentissage[7] pour prendre conscience que la connaissance de nous-même et le perfectionnement de notre savoir-être sera un processus. Cette approche implique que nous devions traverser différents stades d'apprentissage pour qu'une compétence soit complètement acquise, maîtrisée, qu'elle devienne naturelle.

4 stades d'apprentissage

Premier stade : l'incompétence inconsciente

C'est lorsque nous ne savons pas que nous ne savons pas comment faire. Par exemple, lorsque nous obtenons un premier poste de gestionnaire, nous pensons qu'il sera naturel et facile de gérer une équipe puisque nous sommes l'expert dans notre domaine. Lors du premier conflit à gérer entre deux employés dans l'équipe, nous n'intervenons pas, convaincu que c'est « leur problème » et non le nôtre. Nous ne savons pas encore que nous ignorons comment jouer notre rôle de gestionnaire.

Deuxième stade : l'incompétence consciente

Nous savons que nous ne savons pas comment faire. Pour atteindre ce stade, nous devons reconnaître, comme gestionnaire, notre manque de compétence et saisir les avantages et la valeur d'acquérir cette compétence. Nous comprenons qu'il nous manque des aptitudes pour faciliter et gérer adéquatement la résolution du conflit et que nous devons posséder certaines compétences données pour faire des interventions adéquates.

Troisième stade : la compétence consciente

Nous savons comment faire, nous devons y penser et nous exercer. Nous avons acquis, comme gestionnaire, des compétences en résolution de conflits par des ateliers de formation ou du coaching. Toutefois, nous ne nous sentons pas encore complètement à l'aise dans la pratique, qui ne nous vient pas encore naturellement. Il faut être adéquatement préparé à toute situation ; plus nous nous y exercerons, mieux nous saurons aborder les conversations difficiles et gérer les conflits.

Quatrième stade : la compétence inconsciente

La compétence est devenue naturelle et fait maintenant partie de ce que nous sommes, comme une deuxième nature. Nous ne nous rendons pas compte que, dans le cadre de nos conversations avec les gens, nous prévenons et gérons naturellement les conflits sans les laisser prendre forme. Nous sommes à l'aise avec les émotions – les nôtres et celles des autres. Nous ne considérons même plus que nous maîtrisons la compétence tellement c'est devenu facile.

Le bonus : le « *flow* »

8. Lawrence Beck, « Flow: The Psychology of Optimal Experience Mihaly Csikszentmihalyi », *Journal of Leisure Research*, Vol. 24, Issue 1, 1992-1993.

La plus belle réussite comme leader et comme comité de gestion est d'atteindre un moment de « flow ». Le flow, concept introduit par Mihaly Csikszentmihalyi[8], vient par-delà la compétence inconsciente. À ce stade, nous savons comment faire, c'est naturel et, en plus, nous sommes complètement investis et impliqués dans ce que nous faisons. Le flow nous permet d'être pleinement concentrés et l'accomplissement apporte une grande satisfaction, voire donne parfois un sens insoupçonné à notre existence. Cela peut se traduire par ce que j'appelle un état de grâce. Vivement que nous apprenions les conditions qui nous permettent de vivre dans cet état plus fréquemment ! Nous l'avons tous vécu de façon individuelle et collective, le flow est si fantastique et à la fois si fragile. Notre travail de gestionnaire est de voir et d'identifier le flow quand il apparaît, de le célébrer et surtout de se demander comment on peut le recréer.

En début de carrière, nous sommes tous des gestionnaires plus ou moins incompétents et inconscients en termes tant de « savoir-être » que de connaissance de soi. Nous prenons conscience, grâce à l'avis d'autrui, de nos forces et faiblesses pour nous transformer en gestionnaires incompétents conscients. Cette conscience nous permettra de prendre les mesures nécessaires pour nous perfectionner et devenir compétents conscients. Et certains d'entre nous accéderont à des zones de *compétence-inconscience* et de flow. Je reviens ici sur l'importance de savoir écouter les rétroactions, idéalement de les solliciter, et ce, même lorsqu'elles nous blessent. L'avis d'autrui est une source précieuse à laquelle puiser pour accéder à la conscience de soi.

Lyne, à titre de nouvelle directrice générale, oscillait entre l'incompétence consciente et la compétence consciente selon les différentes responsabilités qu'elle assumait dans son nouveau rôle. Certaines responsabilités lui étaient familières et d'autres lui étaient complètement nouvelles. Nous avons abordé les rétroactions franches reçues de la part de ses deux gestionnaires. Entre autres, elle a réalisé qu'elle était compétente consciente en matière de réception de rétroaction et qu'elle devait donc « s'exercer » davantage à écouter et à recevoir l'avis d'autrui.

 *Lyne a aussi fait l'exercice de situer à quel stade elle se considérait par rapport à :*

- *son écoute d'autrui ;*
- *sa sollicitation de rétroactions ;*
- *sa capacité à donner de la rétroaction ;*
- *sa capacité à gérer les conflits ;*
- *sa capacité à mener l'entreprise vers la réussite à long terme.*

Cette prise de conscience l'a beaucoup aidée à identifier par elle-même des pistes de développement personnel et de coaching pertinentes pour elle. Je vous invite à la même réflexion.

« Donner le meilleur de moi-même »

9. *Brené Brown : le pouvoir de la vulnérabilité,* 2010

Nous avons déjà commencé à explorer le champ d'action de notre ego. Il est si complexe, insidieux et pernicieux sur beaucoup d'aspects de notre personne... il n'aime pas toujours apprendre, préfère déjà savoir... L'ego n'aime pas non plus se montrer vulnérable. Et la vulnérabilité est pourtant une porte d'entrée incontournable pour exprimer la partie la plus vraie et authentique de soi-même, sa nature profonde, ce à quoi l'on aspire : le meilleur de moi. Vous n'êtes toujours pas convaincu qu'il faut soigner et apprivoiser votre ego ? Visionnez la conférence Ted[9] de Brené Brown sur le pouvoir de la vulnérabilité : elle saura vous convaincre !

Nous pensons peut-être que nous sommes performants parce que nous travaillons fort et, comme Lyne, sommes profondément investis dans notre travail. Toutefois, la réussite et le « meilleur de soi » se mesurent aussi à la façon dont nous atteignons nos objectifs. Autrement dit, s'il est vrai que le QUOI est important, le COMMENT l'est tout autant.

Dans notre rôle de gestionnaire, « donner le meilleur de soi-même » permet d'être pleinement présent, ouvert, disponible et donc de donner son avis, de demander et de recevoir l'avis d'autrui, d'aborder les conversations difficiles, d'apprendre, de grandir, de soutenir et de mettre au défi nos collaborateurs, de coacher (et non pas de dicter) et de vivre les valeurs de l'organisation.

Peut-on se permettre de ne pas se montrer au meilleur de soi dans son organisation, tant comme personne que comme membre d'un comité de gestion ?

Ne pas se montrer au meilleur de soi implique que l'on soit réactif, que l'on oriente son focus sur ses propres objectifs et sur les tâches. Cela implique aussi que l'on demande chaque fois la permission d'agir, que l'on passe « sous le radar », sans prendre de risque. Que l'on agisse par habitude, évitant tout conflit ou toute rétroaction, dans un souci premier de préservation. … Ce n'est pas ce qu'il y a de plus productif !

Dans la routine ou dans le quotidien surchargé, nous oublions parfois de donner le meilleur de nous-mêmes, nous vivons en mode « pilote automatique ». Pourtant, donner le meilleur de soi est non seulement souhaitable, c'est essentiel pour le succès de nos organisations. Cela permet d'accueillir le changement, de créer de la clarté, de gérer les obstacles, d'optimiser nos ressources et d'obtenir les meilleurs résultats possibles.

Exercice de l'Arène

 *Dans le cadre de ma démarche avec Lyne et son équipe, j'ai proposé de faire l'exercice de l'Arène pour faire prendre conscience aux membres de comment ils agissent lorsqu'ils donnent le meilleur d'eux-mêmes. Lorsque je collabore à une démarche d'amélioration d'une dynamique d'équipe exécutive, cet exercice d'équipe est un incontournable.*

J'ai donc commencé par créer et délimiter un grand carré sur le plancher, avec du ruban, au centre de la salle. Ce carré représente l'Arène : un espace symbolique de vulnérabilité pour chaque personne.

J'ai demandé aux participants d'entrer avec moi, physiquement, dans l'Arène. J'ai donné à Lyne et ses collègues un temps de réflexion afin qu'ils se demandent comment ils performent, comment ils développement leur équipe et comment ils abordent les conversations difficiles quand ils sont au meilleur de soi.

Toujours debout dans le carré, je les ai invités à une réflexion sur leur posture quotidienne au travail, parmi les défis, les changements, la cadence parfois effrénée... Nous avons utilisé l'Arène comme champ de pratique pour recréer dans la salle l'environnement d'affaires. Nous avons discuté ensemble d'exemples récents de situations de travail, en nous demandant pour chaque exemple si nous étions alors « dans l'Arène » ou à l'extérieur de celle-ci. Nous nous déplacions physiquement à l'intérieur et à l'extérieur des lignes du carré pour illustrer notre posture. Cet exercice a permis aux membres de l'équipe d'explorer ces situations avec du recul, d'en discuter et d'apprendre comment ils pouvaient donner le meilleur d'eux-mêmes.

 *J'ai invité Lyne et son équipe à réfléchir aux questions suivantes :*

- *Que signifiait pour eux « être vulnérable » ?*
- *Qu'est-ce qui les empêchait de se montrer plus souvent vulnérables ?*
- *Quels étaient selon eux des avantages d'être vulnérable ?*
- *Quels étaient leurs exemples de posture vulnérable au travail (à l'intérieur de l'Arène) ?*
- *Qu'est-ce qui les empêchait d'être plus fréquemment dans l'Arène ?*

La discussion a été riche. Et Lyne a fait preuve d'ouverture et de beaucoup d'humilité. Elle a révélé à l'équipe qu'elle se sentait parfois bien seule, parfois dépassée par l'ampleur de la tâche et qu'elle se questionnait parfois même à savoir si elle était la personne la mieux désignée pour le poste qu'elle occupait. Elle a alors reçu de nombreux témoignages de confiance et tous ont été touchés par son authenticité.

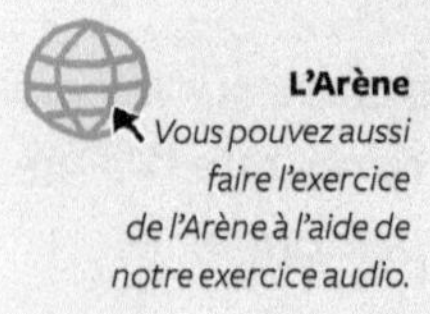

Pour illustrer autrement cette Arène symbolique, j'ai eu une conversation récente avec une employée clé quant à son rôle dans le cadre de son nouveau poste. Je l'ai écoutée m'exprimer le manque d'adéquation qu'elle percevait entre le mandat stratégique qu'on lui avait présenté à son embauche et la réalité opérationnelle qu'elle devait gérer au quotidien.

Si, devant son témoignage, je m'étais placée à l'extérieur de l'Arène, j'aurais clarifié son mandat selon mes attentes, selon mes besoins, et je lui aurais demandé si cela lui convenait ou pas. J'aurais peut-être même été un peu irritée de notre conversation. Je lui aurais laissé comprendre que c'était à prendre ou à laisser, qu'elle avait un choix à faire…

En me plaçant au contraire dans l'Arène, j'aurais pris le temps de comprendre ses préoccupations, ses recommandations, le « pourquoi » de son sentiment. Avec ouverture, je l'aurais aussi invitée à me faire part de sa vision du poste, des avantages d'une telle vision pour l'organisation, et j'aurais discuté avec elle des moyens à mettre en place pour provoquer les changements nécessaires.

Il y a une différence entre le soi habituel et le « meilleur de soi ». Le soi habituel fonctionne par automatisme, reproduit par réflexe les mêmes façons de faire… qui parfois le mènent à bon port et parfois pas ! Quand on fait un pas en avant dans « l'Arène », on accepte de se rendre vulnérable, d'envisager la situation autrement et de donner le meilleur de soi.

J'ai toujours l'impression que de réaliser cet exercice de l'Arène, qui fait partie de ma boîte à outils de coach, permet à l'équipe que j'accompagne d'oser de nouvelles perspectives et de se dépasser. Je me trouve privilégiée d'observer les gens donner le meilleur d'eux-mêmes et d'en constater les retombées positives.

Quelle est ma posture ?

Il m'apparaît utile, pour toute personne souhaitant « donner le meilleur d'elle-même », qu'elle réfléchisse sur la posture qu'elle adopte quand elle aborde des gens et des situations de gestion. Souvent, nous n'en sommes même pas conscients. Nous fonctionnons en mode automatique, dans une posture devenue inconsciente tellement elle est naturelle et intégrée depuis longtemps. Par exemple, a-t-on tendance à penser que nous avons raison et que l'autre a tort ? Ou, au contraire, a-t-on tendance à se sous-estimer en pensant que l'autre vaut mieux que nous ? Malgré que nous ayons tous nos tendances naturelles, nous pouvons tous changer de posture selon la situation ou selon la personne avec qui nous sommes en relation...

Comme leader, nous devons nous efforcer d'adopter une posture d'égal à égal avec les autres personnes. Cette posture changera au quotidien : parfois, elle sera facile à incarner et parfois, ce sera tout un défi ! Comme coach, je le vis tous les jours. C'est un muscle que j'entraîne !

10. Harris Thomas A., *I'm OK - You're OK*, 2004.

Cette posture de coach, d'égal à égal et qui affirme « Je suis OK ; tu es OK » a été proposée initialement par Thomas Anthony Harris[10]. Cette approche suggère que l'on observe les quatre postures éventuelles ci-dessous et qu'on se demande : **Quelle est ma posture habituelle ? Quelle est la posture que je souhaite adopter ?**

L'ÉTAT D'ESPRIT
DU COACH- I OK - U OK

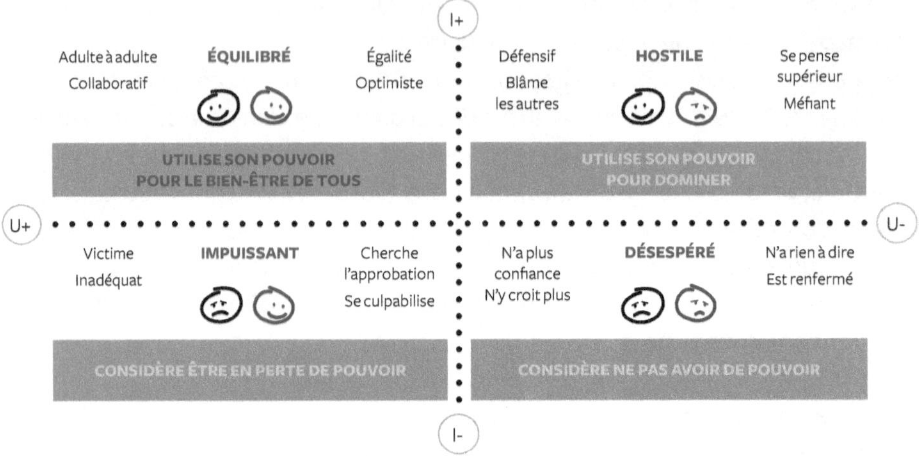

Je suis OK, l'autre est OK

C'est **l'équilibre**, il y a relation. Nous sommes deux adultes avec toutes les ressources nécessaires, nous avons une approche collaborative empreinte d'optimisme. Nous considérons que nous sommes juste envers nous-même et envers l'autre, même si nous ne sommes pas toujours d'accord avec ses propos ou ses agissements. Nous pouvons apprécier et voir la valeur de l'autre. La rétroaction est perçue comme une occasion d'apprendre, de nous voir à travers les yeux d'autrui. Nous sommes ouvert aux suggestions. Nous mettons notre pouvoir intérieur au service du bien commun.

Je suis OK, l'autre n'est pas OK

C'est le déséquilibre dans **l'hostilité**. Nous nous pensons supérieur à l'autre, nous savons que nous avons raison et nous savons ce que nous faisons ; l'autre a forcément tort. Nous sommes méfiant, sur la défensive, nous blâmons l'autre. Nous argumentons afin de convaincre l'autre que nous avons raison et donc, nous ne l'écoutons pas vraiment. Nous usons de pouvoir contre l'autre.

Je ne suis pas OK, l'autre est OK  

C'est le déséquilibre dans **l'impuissance**. Nous nous dévalorisons face à l'autre. Nous cherchons l'approbation, nous nous sentons inadéquat ou coupable, nous nous victimisons. Nous avons la conviction que ce qui vaut pour l'autre ne vaut pas pour nous-même. Nous ressentons de la vulnérabilité et de la peur, laissons le problème prendre de l'ampleur dans notre tête et nous empêcher d'écouter l'autre. Nous avons abdiqué notre pouvoir.

En discutant de sa posture, Lyne a constaté qu'elle avait une tendance naturelle à se dévaloriser, à se positionner dans cette dynamique « – + », et elle a compris l'effet que cela avait dans ses relations.

Je ne suis pas OK, l'autre n'est pas OK  

C'est l'inertie. Nous nous sentons **désespérés** ; nous renonçons à la relation. Nous sommes replié sur nous-même, n'envisageons aucune solution possible, ne trouvons plus rien à dire, demeurons silencieux. Nous avons perdu confiance en nous-même et en autrui. Comme ni nous ni l'autre ne faisions les choses « comme il faut », comme si nos entreprises communes n'allaient nulle part. C'est le désespoir. L'esprit est fermé à toute rétroaction ou tout apprentissage. Comme si nous n'avions aucun pouvoir.

 *Toujours avec Lyne et son équipe de gestion, nous avons fait un exercice qui peut se faire seul ou en équipe. Chacun devait penser à une discussion récente où une question délicate avait été abordée ; chacun devait visualiser le diagramme « Je ; l'autre » présenté plus haut. J'ai demandé aux membres de l'équipe :*

- Dans quel quadrant du diagramme étiez-vous situé lors de cette discussion ?
- Quelle attitude avez-vous adoptée ?
- Quels mots avez-vous prononcés ? Quelles pensées vous habitaient ?
- Comment vous êtes-vous sentis ?

Je les ai invités à se concentrer sur chacun des quadrants en se remémo-rant des situations récentes où ils avaient adopté telle ou telle posture.

L'équipe a ensuite discuté des tendances naturelles de chacun ainsi que des situations et des relations qui les faisaient automatiquement adopter une posture plutôt qu'une autre. Cet exercice a été révélateur à la fois de tendances habituelles et de pistes d'évolution à la lumière de ces réflexions.

Pour qu'il y ait relation authentique, toutes les approches de leadership devraient évoluer dans la zone « Je suis OK ; tu es OK ». Toutefois, nous bougeons conti-nuellement d'un quadrant à l'autre et nous devons augmenter notre capacité à revenir vers cette posture optimale. Comme gestionnaires performants et mobilisateurs, nous devons viser cet état d'équilibre et de collaboration dans nos relations. Parmi les stratégies pour accéder à cette zone plus fréquemment, mentionnons ceci : focalisons-nous sur la bonne foi de l'autre et soyons conscient de nos « déclencheurs », des facteurs qui nous déséquilibrent.

Qu'en pensez-vous ? Je vous invite à prendre conscience de ce par quoi nous posons souvent nous-même obstacle à notre propre dépassement.

Ai-je la tête pleine ou suis-je en pleine présence ?

En organisation, dans un monde axé sur les résultats et la rapidité d'exécution, la pression est forte. Cette pression nous jouera des tours si nous ne sommes pas vigilants... Elle nous donnera l'impression que nous manquons chronique-ment de temps d'arrêt pour penser. Le concept populaire de « faire plus, et plus vite » n'encourage pas nécessairement les moments de pause ! Nous cessons de remarquer, d'écouter et de donner le meilleur de nous-mêmes. Avez-vous le sentiment d'être davantage dans le *faire* que dans l'*être* ?

Ce temps d'arrêt qui permet de penser améliorerait pourtant de façon notable la qualité de nos conversations, de nos interventions, de nos décisions, de nos relations et de notre performance. « Avoir la tête pleine » plutôt qu'être en pleine présence diminue la qualité de notre concentration et la valeur de notre travail, et donc de notre équipe.

> *Lyne m'a confié qu'elle se sentait parfois comme un hamster dans sa roue. Elle a souvent l'impression de filer à travers ses journées à toute vitesse, d'être débordée et de ne pas pouvoir faire de pause. Comme elle n'a pas le temps de penser, elle fait confiance à ses automatismes en oubliant tous les biais que cela implique... Elle veut suivre la cadence, ressent l'urgence de « livrer » et se voit succomber à des réactions, en paroles ou en gestes, qu'elle ne contrôle pas lorsqu'elles dépassent son intention.*

Lorsque nous sommes en pleine présence, comme lorsque nous contemplons un lac paisible, nous sommes calmes, conscients, concentrés. Nous voyons clair. Cet état d'esprit nous permet d'être ouverts – à nous-mêmes, aux autres, à notre environnement. Nous remarquons, pressentons, voyons des « signes ». Nous nous ajustons au stress en le relativisant, en prenant plus facilement du recul par rapport au contexte.

La recherche scientifique sur la pleine présence (notamment à travers des pratiques de méditation) en entreprise démontre de plus en plus son influence positive sur la performance, la prise de décision, la mémoire, la régulation des émotions, la perspective, la résilience... Est-ce que cela vous surprend ?

 Attardons-nous davantage à prendre conscience de notre état général. Je vous propose de prendre quelques minutes pour répondre aux questions suivantes :

- Comment qualifiez-vous votre état d'esprit en général ?
  Avez-vous la tête pleine ou êtes-vous en pleine présence ?
- Dans quel état d'esprit vous présentez-vous quotidiennement au travail ?
  À la maison ?
- Qu'est-ce que vous pourriez gagner à être davantage présent d'esprit ?

Minute de présence attentive
Disponible en ligne.

Si une approche par la méditation vous interpelle, vous trouverez sur notre site Internet une méditation guidée et une « minute de présence attentive », accessibles par abonnement. Plusieurs de mes clients « exigent » que je débute nos ateliers de travail avec celles-ci.

 ## Exercice : Planifier votre pleine conscience

Voici un autre exercice intéressant : sur une page blanche, tracez deux colonnes et écrivez comment vous vous présentez aux autres quand vous avez la tête pleine ou, au contraire, quand vous êtes en pleine présence. Révisez vos constats et pensez à des solutions pour vous présenter le plus souvent possible dans cet état de pleine présence.

Exercice : Minute portable

11. BORROSON Martin, *One-Moment Meditation: Stillness for People on the Go*, 2009.

Martin Boroson[11] nous propose un autre exercice simple et pratique, la « minute portable », pour recentrer notre état d'esprit pour une pleine présence, et ce, en seulement une minute ! Fermez les yeux, démarrez un chronomètre pour une durée de soixante secondes, comptez vos inspirations et vos expirations pendant ce temps. Au bout de l'exercice, retenez votre compte final. Par la suite, vous pourrez refaire l'exercice sans chronomètre quand vous voudrez, en refaisant simplement le même nombre d'inspirations et d'expirations. Vous avez maintenant votre minute portable !

Sachant qu'on peut transformer et reconstruire biologiquement le cerveau et la vivacité d'esprit toute sa vie, comme un muscle que l'on souhaiterait renforcer, il est indispensable de développer notre « forme mentale » tout autant que notre forme physique.

> *Lyne travaille maintenant à augmenter sa présence attentive. Elle a beaucoup progressé et elle continue, encore aujourd'hui, son processus de développement et de connaissance d'elle-même qui lui permettra, comme elle le dit si bien, de « devenir une meilleure personne et une meilleure gestionnaire ».*

Il n'est pas toujours facile de parler de vulnérabilité ou d'équilibre relationnel avec une équipe de leaders. Cela dit, le modèle de l'état d'esprit du coach I OK - U OK est un de ceux que les gens apprécient beaucoup dans le cadre de mes séances, car il permet de faire un « autocontrôle » rapide et de choisir l'état dans lequel on souhaite interagir.

D'ailleurs, j'ai moi-même très souvent recours à ce modèle pour identifier dans quel état d'esprit je me présente devant les autres. Je peux ainsi vérifier mes intentions véritables, parfois insoupçonnées. Quand je perçois une certaine friction avant, pendant ou après une interaction, je me demande quelles sont mes croyances par rapport à moi-même et par rapport à l'interlocuteur en question. Comme dirait Brené Brown : « Qu'est-ce que j'essaie de me faire croire ? Quelle histoire est-ce que je m'invente ? » C'est une réflexion utile au travail comme ailleurs.

QUESTIONS DE COACHING

- Identifiez une ou deux compétences conscientes. Comment pouvez-vous les exercer davantage pour qu'elles deviennent des compétences inconscientes?

- Quelle conversation récente a eu lieu dans l'équilibre (+ +)?

- Comment pouvez-vous maintenir davantage d'équilibre (+ +) dans vos relations avec autrui?

- Sur quels aspects de vous devez-vous travailler pour y parvenir?

- Comment pouvez-vous demeurer pleinement présent à vous-même et aux autres?

- Quelles répercussions aurait le fait d'être plus fréquemment en pleine présence dans votre rôle de gestionnaire?

- Comment qualifiez-vous votre état d'esprit en général? Avez-vous la tête pleine ou êtes-vous en pleine présence?

- Dans quel état d'esprit vous présentez-vous quotidiennement au travail? À la maison?

NOTES

Tisser des liens

Geneviève est cadre dans une firme de technologies. Elle se démarque par sa capacité à implanter avec succès des projets complexes et d'envergure. Sa détermination est hors du commun et elle sait traduire efficacement ses intentions et ses objectifs en plans d'affaires. Elle est appréciée pour sa grande compétence et elle a confiance en elle. Dernièrement, après avoir délégué un projet à un collègue, Pierre, au secteur numérique, elle constate un retard dans les livrables. Lors d'une réunion à ce sujet, elle exprime son sentiment d'urgence et le besoin d'atteindre les résultats selon l'échéancier initial. Elle propose même de reprendre elle-même le projet pour faciliter sa mise en œuvre. Elle sent la tension et l'irritation qui montent en elle et chez son collègue. Il réagit fortement, il est sur la défensive et va même jusqu'à accuser Geneviève de ne pas l'avoir informé suffisamment avant de lui confier le projet. La réunion se termine en queue de poisson ! Geneviève retourne à son bureau et fait un retour introspectif sur ce qui vient de se passer. Comment la discussion a-t-elle pu dégénérer ainsi ? Que peut-elle faire à ce stade pour contribuer à faire avancer le projet ?

Dans les pages précédentes, nous avons exploré l'importance de se regarder d'abord soi-même comme gestionnaire, dans ses propres tendances en matière de conduite, de posture, d'état d'esprit et de qualité de présence aux autres. Nous avons commencé à prendre conscience du fait qu'on peut être tantôt au meilleur de soi et parfois pas, et nous avons vu en quoi cela influençait nos rapports avec autrui.

Je vous propose maintenant d'aller « à la rencontre des autres » – nos collègues et employés – pour comprendre comment nous interagissons avec eux. Si apprendre à nous connaître comme gestionnaire est un travail de nombreuses années (ou décennies !), il en va de même pour connaître les autres et apprendre à nous adapter à leurs besoins et préférences en matière de leadership. Notre objectif ici est de vous donner des outils concrets pour accélérer ce processus.

? Je vous invite donc à une réflexion sur votre rôle comme leader, comme gestionnaire. Est-ce que votre rôle est de « tout faire » par vous-même ? C'est probablement grâce à cette capacité que vous occupez votre poste actuel. Votre rôle est-il plutôt de déléguer et de soutenir les équipes afin que chaque membre y déploie son potentiel et maximise sa performance visant un objectif commun ? Dans ce contexte, pouvez-vous vous permettre de ne pas bien connaître vos collaborateurs ?

- Si vous aviez à évaluer le temps que vous passez en moyenne, chaque semaine, en exécution par rapport au temps consacré à la délégation ou au soutien, quelle proportion obtiendriez-vous ?
- Est-ce que cette proportion vous paraît adéquate ? Optimale ?
- Comment pouvez-vous adopter une posture de chef d'orchestre davantage qu'une posture de musicien ?

Pour maximiser notre performance comme leader et mieux contribuer à l'atteinte de notre vision d'organisation, il est incontournable d'apprendre à comprendre les autres, individuellement et collectivement : leur conduite, leurs façons de communiquer, leurs dynamiques interrelationnelles et leurs besoins de leadership. C'est avec cette compréhension que nous nous assurerons de compter parmi notre équipe les meilleurs candidats et les meilleures complémentarités possibles, et que nous pourrons orienter l'équipe vers la réussite.

À la base, pour comprendre les autres, nous devons faire preuve d'empathie. Nous verrons aussi comment les principes des styles sociaux peuvent nous aider à comprendre les intérêts et les besoins de nos collaborateurs pour mieux nous adapter à eux.

L'empathie, impopulaire
mais si utile !

L'empathie, c'est la capacité de se mettre à la place de l'autre et de comprendre sa perspective, même si l'on ne se reconnaît pas forcément dans la situation de cette autre personne. Il faut d'abord comprendre les émotions et les expériences de cette personne sans toutefois soi-même les ressentir. Et il ne faut pas confondre l'empathie avec la sympathie, qui, elle, implique de s'identifier à l'émotion de l'autre et de la vivre avec lui. En empathie, on est sensible à l'émotion de l'autre sans toutefois la « prendre sur ses épaules ». L'empathie permet une certaine distance affective pour bien comprendre ce que l'autre ressent et ainsi pouvoir bien le soutenir.

12. KONRATH Sara H., O'BRIEN Edward H. et HSING, Courtney, « Changes in Dispositional Empathy in American College Students Over Time: A Meta-Analysis », *Personality and Social Psychology Review, Sage Journal*, 2010.

Il me semble parfois que l'époque actuelle nous met en déficit d'empathie ! Une étude de l'Université du Michigan[12] rapportait que les étudiants avaient 40 % moins de propension à avoir de l'empathie qu'il y a vingt ou trente ans. Parfois perçue comme une qualité relationnelle sans importance ou à reléguer au service des ressources humaines, l'empathie aurait pourtant avantage à devenir une compétence reconnue et recherchée pour réussir en affaires. Faute de temps ou manque d'intérêt ? Pourquoi ne cultivons-nous pas davantage d'empathie dans nos organisations ?

Il est reconnu que les vendeurs les plus empathiques vendent plus que les autres ; que les agents de service à la clientèle les plus empathiques résolvent davantage de problèmes « dans l'œuf », sachant éviter l'escalade ; que les gestionnaires les plus empathiques ont une performance globale plus élevée que les autres.

13. *What's the Number 1 Leadership Skill for Overall Success?* 23 février, 2016, *Development Dimensions International* (DDI)

Un rapport de DDI[13] (Development Dimensions International), qui a récemment analysé les comportements de leadership de plus de 15 000 leaders dans 18 pays, a conclu que la qualité première en leadership pour prédire la réussite de façon générale était l'empathie. Selon cette recherche, les gestionnaires qui écoutent et répondent avec empathie ont une performance au-delà de 40 % plus élevée en matière d'implication des autres, en planification et organisation, en prise de décision, en coaching, en performance globale.

Comprendre comment se sent un client nous permet de mieux cerner son enjeu ou son problème. Cette compréhension peut même nous aider à être créatif dans la conception de nouveaux produits ou l'exploration de marchés. Comprendre comment se sent notre employé nous aidera à trouver l'approche de communication la plus appropriée pour l'aider et le stimuler. Comprendre la perspective de l'autre, en résolution de conflits, favorisera le compromis et la résolution.

Comme gestionnaire, comme comité de gestion, converser et intervenir avec empathie nous permet de mieux comprendre les gens, les problèmes, les enjeux, les dynamiques. L'empathie engendre une écoute plus attentive. Et les émotions de nos collègues, de nos employés, de nos clients sont une source importante où puiser de l'information pour mieux comprendre une situation, cette information étant tout aussi importante que les analyses factuelles et les chiffres. Il est important d'apprendre à reconnaître les émotions et leur valeur ; toute compréhension d'un environnement d'affaires s'en trouve élargie et complémentée.

Geneviève m'a consultée pour préparer sa prochaine conversation avec Pierre. Elle souhaite aller à sa rencontre pour lui exprimer son intention de comprendre ses enjeux pour le soutenir dans l'avancement du projet. Je lui ai proposé un exercice visant à adopter la perspective de Pierre en vue de cette conversation imminente. Je l'ai invitée à se demander : « Comment je me sentirais si un collègue m'exprimait son sentiment d'urgence quant à mes propres livrables ? » Je l'ai aussi invitée à réfléchir au contexte de Pierre. Elle a fait cet effort d'imagination pendant quelques minutes pour se rappeler que Pierre avait beaucoup de projets alors en cours, y compris un défi de gestion important dans son équipe. Ce temps d'arrêt pour remettre les choses en contexte a permis à Geneviève de mieux comprendre la perspective de Pierre et ce qu'il pouvait ressentir. Geneviève comprend aussi qu'elle doit apprendre à accueillir les émotions d'autrui lorsqu'elles se manifestent.

 Si vous devez donner votre avis à un collègue prochainement, faites cet exercice du jeu de rôle, au préalable, dans votre tête. Mettez-vous « à la place » de votre interlocuteur et recevez le message à sa place. Comment pouvez-vous adapter votre message après cet exercice ?

Une amie gestionnaire en ressources humaines m'a dit qu'elle faisait souvent cet exercice de jeu de rôle (dans sa tête ou avec un membre de son équipe) avant d'annoncer une fin d'emploi. Nous savons combien une rencontre de fin d'emploi peut mettre les émotions à vif, tant celles de l'interlocuteur que les nôtres. Mon amie choisit donc de jouer mentalement le rôle de la personne qui perd son emploi. Au besoin, elle change physiquement de chaise. Elle se demande comment elle se sentirait si l'on employait telle approche, tels mots, tel ton... Elle révise même sa lettre de fin d'emploi en se mettant dans la peau de la personne licenciée. Elle m'a confié que la plupart du temps, elle rajuste sa communication, tant verbale qu'écrite, après avoir fait cet exercice. Elle a pris l'habitude de le faire presque systématiquement.

En se mettant dans la peau de l'autre, on se donne une occasion de s'exercer à mieux communiquer.

Les styles sociaux pour comprendre les autres

Une autre façon d'ajuster et d'orienter notre communication pour mieux interagir avec les autres est de connaître les différents styles sociaux – le nôtre et celui de nos collaborateurs.

Les styles sociaux sont des orientations dans la manière de communiquer, de percevoir l'information, de l'apprécier, de la « digérer », d'y réagir.

Parfois, lors d'une réunion ou d'un comité de gestion, il peut nous arriver de ressentir de l'impatience. Ça vous est déjà arrivé ? La prochaine fois que vous sentirez une telle impatience, observez ! Est-ce le sujet qui vous rend impatient ou est-ce la façon dont il est abordé ? Parfois c'est le sujet, qu'on peut juger trop opérationnel, et souvent, c'est la façon dont il est abordé, laquelle ne correspond pas à la façon dont nous communiquerions nous-mêmes.

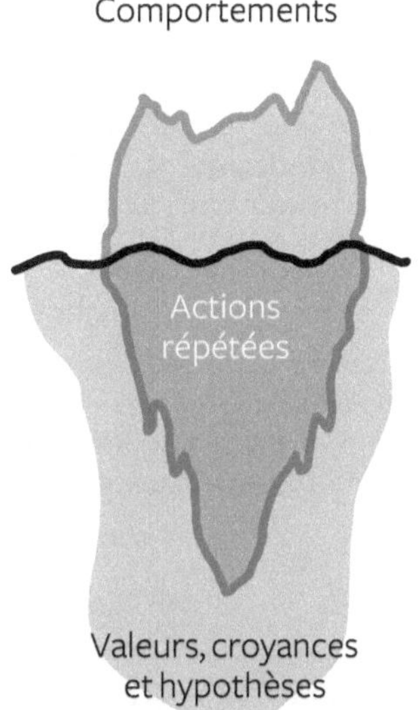

J'aime évoquer l'image d'un iceberg pour démontrer que nous ne montrons qu'une fraction de ce que nous sommes lors de nos interactions, par les mots que nous employons et par nos réactions visibles. C'est aussi à la pointe de l'iceberg que nous interagissons selon notre style social, selon nos tendances et notre tempérament – des aspects que les autres personnes peuvent observer et décrire comme étant notre personnalité. Toutefois, nos valeurs, nos croyances, nos espoirs et nos rêves sont souvent cachés sous l'eau – ce que nous sommes comme personne se situe aussi là : sous cette surface. Apprendre à connaître ses collaborateurs implique d'enfiler la combinaison de plongée pour aller explorer plus profondément !

Les quatre styles sociaux s'articulent autour de deux grands axes orientés sur l'expression des émotions et sur la relation au pouvoir. Vous les connaissez peut-être déjà ; revisitons-les brièvement et attardons-nous à leur utilité en communication et en prise de décision. Il faut d'abord savoir que quand nous communiquons, nous cherchons, selon notre style, à obtenir tel ou tel type d'information plutôt qu'un autre.

Vous reconnaissez-vous ? Quelles sont vos tendances ? Et à quel style correspondent vos collaborateurs ? Si vous souhaitez le vérifier, je vous invite à effectuer un court sondage sur votre style prédominant : rendez-vous sur le site propulsezvotreequipe.com !

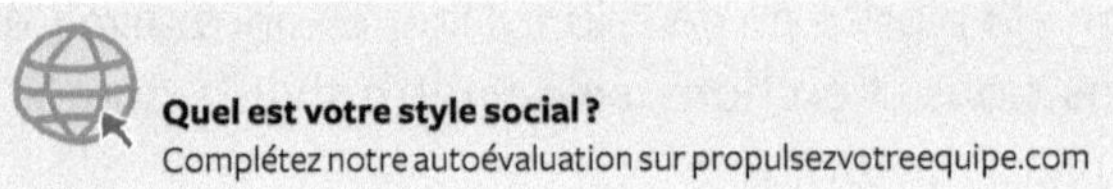

En reconnaissant ses tendances, Geneviève s'est rendu compte que malgré ses bonnes intentions (dans ce cas précis, faire avancer le projet), son intervention n'avait pas produit l'effet escompté. Elle a compris que sous le poids du stress, avec son profil dominant de « meneuse », elle s'était comportée de façon à augmenter la pression sur son collègue. Pire, elle avait eu le réflexe de proposer de reprendre elle-même le projet.

 Qu'est-ce que l'exercice sur les styles sociaux vous apprend sur vous-mêmes ? Sur vos collaborateurs ? Êtes-vous surpris de votre résultat ?

Comme chaque personne est différente, chacune a sa façon propre d'interagir avec les autres, de communiquer, de réagir au stress et de répondre aux urgences. Comprendre les différents styles sociaux de nos collègues et de nos employés peut nous aider à adapter nos interactions en vue de faciliter la collaboration à l'atteinte des objectifs.

Comme leader, comment pouvons-nous concrètement tirer profit des styles sociaux pour maximiser nos interventions en les adaptant au style de nos collaborateurs?

S'adapter aux autres

S'adapter aux autres styles implique de les reconnaître, de les comprendre, de se mettre dans leur peau et de se poser des questions comme: Qu'est-ce qui est important pour cette personne? Quels sont ses besoins? Comment apprécie-t-elle que je lui présente des informations ou un mandat? Les réponses à ces questions permettent alors d'adapter l'approche et l'échange avec autrui.

ANALYTIQUE	AIMABLE	MENEUR	EXPRESSIF
• Donnez des faits et des exemples	• Collaborez	• Donnez des options et des probabilités	• Soyez créatif et enthousiaste
• Ayez un plan détaillé avec les étapes	• Demandez leur opinion	• Décrivez les défis impliqués	• Bâtissez sur leurs idées
• Expliquez de quelle façon le risque sera réduit ou géré	• Démontrez votre flexibilité et votre désir de trouver une solution (de faire des compromis au besoin)	• Arrivez au but rapidement	• Soyez prêt à effectuer un changement rapidement
• Donnez-leur du temps pour réfléchir avant de prendre une décision	• Partagez l'opinion des autres	• Mettez l'emphase sur l'opportunité et l'urgence d'action	• Faites valoir la vision et le lien avec l'objectif global
			• Partagez des histoires
Quoi et Comment	**Qui et Comment**	**Quoi et Quand**	**Quoi et Qui**
Faits et données	**Équipe**	**Résultats**	**Vision**

S'adapter aux analytiques 

Quand nous nous adressons aux analytiques, connaissant leur besoin de sécurité (ils se sentent en sécurité lorsqu'on leur donne raison) et leur intérêt pour la précision, nous parlerons « leur langage » en fournissant des faits et des exemples, en abordant le *quoi* et le *comment*, en présentant un processus, par exemple un plan de projet avec des étapes. Encore mieux, pour les rassurer, nous aurons évalué les risques et leur donnerons du temps pour réfléchir avant de prendre une décision. Prenons aussi conscience que sous le poids du stress, pour réduire sa tension, l'analytique aura tendance à avoir un comportement d'évitement et de retrait. Pour éviter tout conflit et préserver la communication, vous pourrez souligner la valeur de leurs faits et de leurs données, et proposer de les comparer avec les vôtres de façon collaborative.

Comment s'adresser aux analytiques : se concentrer sur les faits, donner des valeurs absolues autant que possible et éviter les suppositions. Concentrez-vous sur le *quoi* et le *comment*.

S'adapter aux meneurs 

Quand nous abordons les meneurs, prenons conscience de leur besoin d'accomplissement et de résultats en leur présentant, en toute circonstance, les chances et les défis en jeu. Offrons des options et évaluons les probabilités. Comprenons leur sentiment d'urgence et adaptons notre communication en allant droit au but, diligemment. Nous les mobiliserons en abordant le *quoi* et le *quand*, en mettant les résultats en lien les uns avec les autres. En situation de stress, pour réduire la tension, les déterminés auront tendance à prendre les devants de façon autocratique. Abordons-les en leur démontrant comment nous pouvons les aider à atteindre leurs buts et leurs objectifs, ce qui contribuera à désamorcer la tension.

Comment s'adresser aux meneurs : se concentrer sur les résultats, donner des délais de réalisation. Concentrez-vous sur le *quoi* et le *quand*.

S'adapter aux aimables 

Les aimables, comme le nom le suggère, privilégient la coopération et des relations interpersonnelles harmonieuses ; ils ont besoin d'appartenir au groupe et de s'y sentir acceptés. Démontrons notre coopération, sollicitons leur opinion, soyons souples et prêts au compromis. Partageons avec eux l'avis des autres personnes du groupe et abordons le *qui* et le *comment*. Gérer les aimables constitue peut-être votre plus grand défi. Je ne serais pas surprise ! Vous trouvez peut-être que les aimables sont passifs et que le volet relationnel occupe une part importante de leur vie professionnelle... un grugeur de temps. Toutefois, les aimables sont de grands collaborateurs : ils sont serviables et dévoués. L'investissement de temps dans la relation en vaudra la chandelle ! Invitez-les à s'exercer à donner de la rétroaction et offrez une critique constructive puisque dans leur communication, et particulièrement sous tension, les aimables préfèrent acquiescer plutôt que donner leur opinion, souhaitant à tout prix éviter le conflit.

Comment s'adresser aux aimables : se concentrer sur les gens, l'influence d'une décision sur l'harmonie collective et l'accommodement de chacun dans le groupe. Concentrez-vous sur le *qui* et le *comment*.

S'adapter aux expressifs 

Les expressifs sont spontanés, enthousiastes et créatifs. Rassurons-les dans leur besoin d'approbation en reprenant leurs idées pour y fonder des projets. Partageons-leur nos histoires et adressons le *quoi* et le *qui*. Ils aiment être « dans l'action ». Soyez aussi prêts à opérer des changements rapides et à donner une vue d'ensemble du projet pour qu'ils puissent y lier leurs propres objectifs, ce qui donnera un sens plus large à leur travail. Afin de les soutenir en situation de stress, écoutez sans juger, sans évaluer, sans défendre votre point de vue ; cela leur évitera de suivre leur tendance naturelle, qui est d'attaquer ou de confronter pour évacuer la pression.

Comment s'adresser aux expressifs : offrez une vue d'ensemble, demandez leur avis. Concentrez-vous sur le *quoi* et le *qui*.

> *En discutant de son intention et de l'effet de son intervention, Geneviève s'est engagée envers elle-même à tenter de suspendre son jugement afin d'écouter son collègue Pierre avec sincérité, sans défendre avant tout son propre point de vue. En prenant conscience des styles sociaux – le sien et celui de son collègue –, et en se mettant dans la peau de Pierre, donc en adoptant momentanément un style expressif, elle a pu comprendre comment Pierre a tenté d'évacuer la pression en l'affrontant, en l'attaquant et en l'accusant de ne pas l'avoir bien informé. Elle ira à sa rencontre en quête d'une solution commune, tiendra compte du contexte avec davantage d'empathie que la dernière fois et sera plus sensible à sa façon de communiquer. Elle prépare sa rencontre et ses questions avec l'intention de confirmer comment Pierre voit la situation.*

Comme gestionnaires, nous avons la responsabilité de reconnaître nos propres préférences de communication et celles de nos collaborateurs, afin de moduler notre communication et de maximiser notre influence. Rappelons aussi qu'en gestion des conflits, les styles sociaux peuvent nous aider à mieux comprendre la perspective d'autrui, à communiquer dans un langage qui résonnera chez nos interlocuteurs, qui tiendra compte de leurs besoins, qui réduira la tension plutôt que de l'alimenter !

QUESTIONS DE COACHING

- En quoi être plus empathique pourrait vous être utile dans votre rôle auprès de vos collègues, employés, clients ?

- Comment pouvez-vous davantage adopter la perspective d'autrui ?

- Comment pouvez-vous augmenter votre degré d'empathie, en tant que comité de gestion ?

- Comment pouvez-vous vous référer aux styles sociaux pour mieux collaborer avec vos collègues du comité de gestion ?

- Comment ce modèle peut-il vous être bénéfique dans votre relation à vous-même et aux autres ?

- À quelle situation pouvez-vous l'appliquer dès aujourd'hui ?

- Prenez l'exemple d'un conflit récent, et tentez de le décortiquer selon votre compréhension des styles sociaux. En quoi cela vous est-il utile ?

- Qu'apprenez-vous sur vos propres préférences ?

NOTES

Témoignages

Je vois évoluer mon bon ami Grégoire Baillargeon depuis de nombreuses années, il est aujourd'hui directeur général et co-chef de BMO Marchés des capitaux au Québec. Grégoire m'aborde en me disant qu'il souhaite transcender son égo. Pour lui, « tu ne peux pas changer qui tu es comme leader mais tu peux le développer. Je suis plus conscient aujourd'hui qu'avant ». Il vise la collaboration et l'harmonie entre les individus comme moteur de la réussite d'équipe. Il présume toujours de la confiance – de lui envers les autres et des autres envers lui. Grégoire est l'homme que je connais qui est le plus centré sur les opportunités (le positif) et l'objectif ultime, il ne centre pas son attention sur les obstacles (le négatif). Il ajoute « nous sommes tous en affaires pour les gens ». Et si parfois, les ponts se brisent au fil des défis organisationnels, il cherchera à les rebâtir encore plus forts. Il adopte la devise empruntée à Harry S. Truman « c'est incroyable ce qu'on peut accomplir si on ne se préoccupe pas de qui aura le crédit ».

Jan-Fryderyk Pleszczynski était président de 4U2C, membre du Groupe Cirque du Soleil, entreprise spécialisée dans le design et la production de contenus visuels. Il importe à Jan de cultiver ses habiletés interpersonnelles pour se perfectionner comme leader. Il aborde l'importance de l'empathie dans le monde des affaires. Il qualifie l'empathie d'intérêt réel porté envers les gens et ce que ressentent les gens. Il m'a exhortée à la vigilance : comme leader, nous gardons généralement le focus sur les résultats et sur l'organisation, ce qui risque de limiter notre empathie. Jan m'a livré un touchant témoignage empreint d'humilité et preuve d'une grande capacité d'introspection. Dans le cadre de notre discussion, il a mentionné qu'il n'avait pas pris le temps, récemment, de se poser des questions quant à son influence comme leader. Et il a ajouté : « Si je ne prends pas le temps de réfléchir à mon influence sur les autres, au fond, je n'ai pas tellement d'empathie. » Ouf ! Notre critique intérieur est parfois bien dur envers nous-même ! Je trouve qu'avec ces paroles, Jan me donnait accès à la profondeur de ses réflexions sur lui-même et aussi à sa vulnérabilité. Quel beau dialogue !

Conditions gagnantes

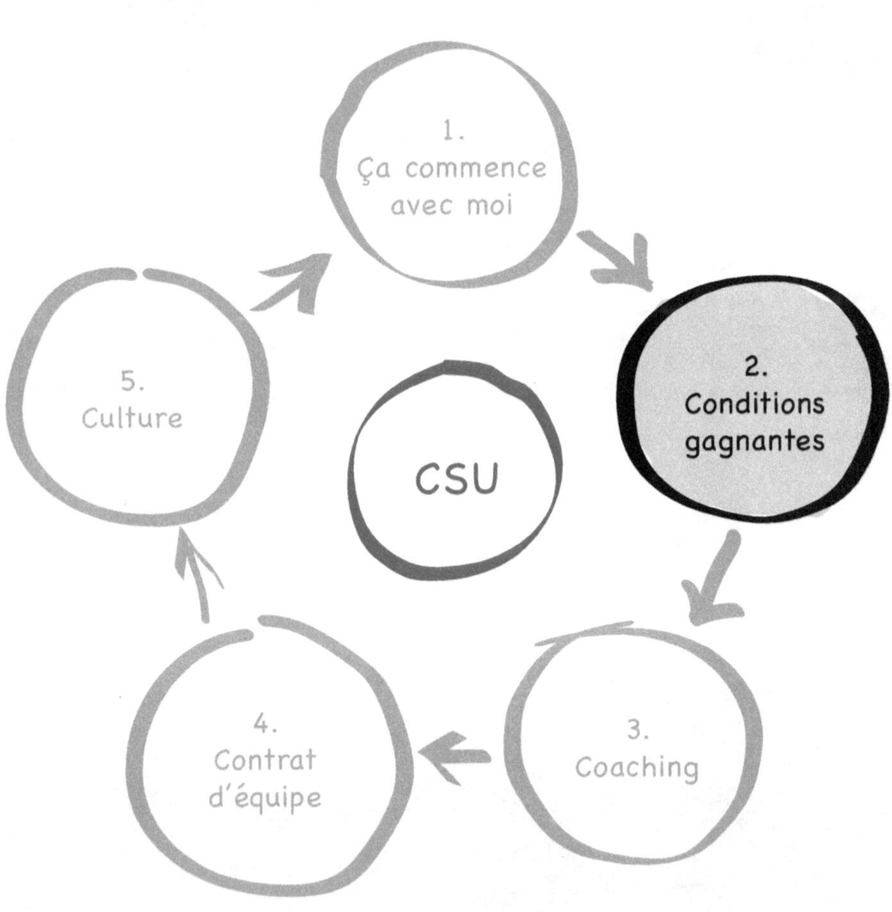

1.
Ça commence avec moi
5.
Culture
CSU
2.
Conditions gagnantes
4.
Contrat d'équipe
3.
Coaching

Patrick est PDG d'une compagnie manufacturière d'environ mille employés. Lors d'une de nos premières rencontres, il parle de son climat d'équipe en de très bons termes, évoquant de rares accrochages ponctuels. Il dit que les rencontres de gestion se déroulent dans l'harmonie et que tous ses directeurs sont polis, respectueux, dévoués à la réussite de l'organisation. Il apprécie l'apport de son comité de gestion, bien qu'il souhaite voir un peu plus d'implication et de responsabilisation. Il ne semble pas préoccupé par sa dynamique d'équipe. Quelques mois plus tard, les résultats d'un sondage d'engagement atterrissent sur son bureau. Patrick constate alors d'importantes tensions entre des membres de son équipe, en plus d'une collaboration déficiente. Pourtant, en surface, rien n'y paraissait ni ne laissait présager de tels conflits au sein de l'équipe. Patrick découvrira qu'il règne là assez peu de confiance, au point qu'il faudra maintenant y remédier par une intervention concrète.

14. KORN Ferry, *Leaders are grown, not born*, 2016.

Le leader crée les règles du jeu et nourrit (ou pas !) un bon climat au sein de son équipe. Il ressort d'un sondage Korn Ferry / Hay Group[14] publié en 2016 que :

- 70 % de la variation du climat d'équipe peut être expliquée par la conduite du gestionnaire ;
- maintenir un climat de travail positif augmenterait la performance d'entreprise jusqu'à 30 % ;
- six dimensions précises ont des répercussions significatives sur le climat de travail.

Le même article nous rassure à l'effet que nul ne naît « bon leader » ! Être un bon leader, serait savoir créer une atmosphère de travail harmonieuse, connaître exactement son rôle dans l'équipe, faire preuve de plusieurs styles de leadership et savoir quand les emprunter...

À ce stade, il faut en convenir : on ne vient pas au monde avec toutes ces compétences en leadership ! Ce qu'on exige néanmoins d'un leader, c'est non pas la perfection (ça n'existe pas !) mais une attention constante à la dynamique et au climat de son équipe, et une approche adaptée en fonction des besoins de celle-ci.

Nous allons donc nous pencher sur cet aspect : Comment, en tant que leader, pouvons-nous créer des conditions gagnantes en favorisant un climat de confiance au sein de notre équipe, et comment pouvons-nous intervenir sur le climat de travail afin de provoquer des changements significatifs pour nos collaborateurs et employés.

La confiance comme fondement de notre climat d'équipe de gestion

La confiance est le liant humain : elle constitue le fondement de la dynamique d'une équipe, que ce soit dans le sport ou dans un comité de gestion.

Le *Petit Larousse* définit la confiance comme un « sentiment de quelqu'un qui se fie entièrement à quelqu'un d'autre, à quelque chose ». Pour que je me fie entièrement à quelqu'un d'autre que moi-même, donc que je m'abandonne, quelques conditions préalables sont nécessaires. Je dois croire en sa bonne foi, en ses capacités, en sa bienveillance. Autrement, est-ce que j'oserais la pleine confiance ? Il n'est pas surprenant que la confiance soit fragile, parfois si difficile à gagner et si facile à perdre.

Selon moi, la confiance, tout comme l'écoute (nous le verrons ultérieurement), peut être scindée en diverses catégories, selon le degré de profondeur. De la superficialité à l'abandon à l'autre, bien des nuances sont possibles. **Je vous présente ici trois principaux degrés, qui vont altérer la dynamique d'un comité de gestion, et sur lesquels l'attitude du leader exerce beaucoup d'influence.**

Degré 1 – le présentéisme : Les membres de l'équipe sont présents, polis, superficiels, accommodants, ne se contredisent pas et disent ce qu'ils pensent qu'il faut dire. On se méfie les uns des autres, il s'installe une fausse harmonie qui n'est pas le reflet des conversations en dehors du comité de gestion. Chacun pense à son propre intérêt. On cherche à traiter d'abord ses sujets d'intérêt et à faire valoir sa propre équipe plutôt que d'avoir l'ensemble des intérêts à cœur. Ce degré de confiance doit évoluer puisqu'il ne suscite ni la collaboration ni le dévouement.

Degré 2 – la collaboration : Dans les phases de tension et de normalisation de l'équipe, les membres peuvent passer à un deuxième degré de confiance en collaborant avec sincérité et en osant le désaccord avec prudence. Ils prennent position, questionnent les idées des uns et des autres, mais surtout sur des sujets « sûrs » qui ne créent pas de polémique. On peut se fier aux autres, collaborer pour le bien de son secteur et des autres, faire des compromis, sans complètement s'abandonner.

Degré 3 – la vérité d'équipe : Souvent, on atteint ce troisième degré lors de la phase de pleine exécution. C'est selon moi le degré de confiance que nous devons viser pour pleinement performer comme comité de gestion. Les membres de l'équipe présument de la bonne foi de chacun, peuvent tout se dire pour le bien et la réussite de l'équipe. On aborde sans crainte les désaccords, les conflits constructifs, on ose « ne pas savoir », on abandonne « sa vérité » pour y intégrer l'ensemble des perspectives des membres de l'équipe et ainsi créer la « vérité d'équipe ». Celle-ci prend la forme d'une suprématie du bien de l'équipe, elle est au service de l'organisation, de sa mission et du bien commun. Elle guide et oriente les décisions avec un prisme d'analyse qui n'aurait pas été possible individuellement.

Certains signes indiqueront que nous atteignons cette vérité d'équipe. Nous remarquerons que tous les enjeux, même les plus émotifs, peuvent être abordés et discutés sans retenue. On peut échanger avec passion et sans présomption sur des enjeux simples ou complexes, voire identitaires. Les membres de l'équipe partagent leurs doutes, leurs peurs et leurs vulnérabilités en toute sécurité. La collaboration prend aussi forme en dehors des contextes formels. On présente en équipe des solutions auxquelles on a réfléchi ensemble au nom de l'équipe, au bénéfice des autres équipes et de la performance de l'organisation. On rit et se taquine de façon authentique !

Comme leader d'une équipe de gestion, plus nous solidifions la confiance de l'équipe, moins les individus auront besoin de se faire valoir individuellement, plus ils trouveront leur place dans la dynamique d'équipe en reconnaissant leur propre valeur, celle des autres personnes et celle de l'équipe. C'est ainsi que s'imposera la vérité d'équipe et qu'il en découlera une plus grande facilité d'orientation des décisions. Et c'est là que le leader peut véritablement faire pencher la balance. En faisant lui-même preuve de vulnérabilité, en clarifiant la « destination », en prenant conscience de l'impermanence du climat de son équipe, en nourrissant les dimensions les plus importantes de cette équipe.

> *Suite au sondage d'engagement et en découvrant les trois degrés de confiance, Patrick comprend que son équipe en est au premier degré, que les membres viennent en réunion en mode présentéisme. Les séances du comité de gestion se déroulent dans la politesse et sans conflit apparent, ce qui pourrait laisser croire à une pleine collaboration. Toutefois, il constate maintenant que les relations en dehors du comité sont tendues, teintées de méfiance et de promotion d'intérêts individuels. Surtout, il déduit que pour asseoir la confiance dans le groupe afin qu'on y ose davantage le désaccord, il devra modifier certains de ses propres comportements et des attitudes comme son propre évitement des conflits, sa tendance à esquiver les conversations émotives et à écourter les remue-méninges pour conclure rapidement et « passer à l'action ».*

On ne voit que très rarement des équipes au troisième degré de confiance, celui de la vérité d'équipe. Nous tolérons malheureusement trop souvent que l'individualité et la superficialité prennent le dessus sur la collectivité. La création d'un climat où l'on peut s'abandonner à la bienveillance et à la bonne foi d'autrui est pourtant à la portée de tous les comités de gestion. Soyons attentifs à notre dynamique d'équipe, et ce sera déjà un grand pas de franchi vers un esprit de développement.

Oser notre vulnérabilité

En tant que leader, nous devons apprendre à nous montrer vulnérable, comme nous l'avons fait dans l'exercice de l'Arène. Pourquoi est-ce si important ? C'est en nous montrant vulnérable qu'on démontre aux autres qu'ils peuvent aussi se permettre de l'être, et c'est réellement la seule façon de créer des liens, et donc de la confiance, avec les autres. Il est primordial, comme leader, de nous éveiller à nos angles morts, de nous questionner sur notre influence et de tendre vers le lâcher-prise plutôt que vers le contrôle, même si cela ne nous semble pas naturel.

Être vulnérable exige de lâcher prise sur notre désir d'avoir raison ou d'atteindre la perfection. Beaucoup de leaders croient qu'ils doivent toujours avoir réponse à tout et que, par conséquent, ils ne peuvent pas avoir tort ou rester sans réponse. Cette pression indue qu'ils exercent sur eux-mêmes les empêche d'être vulnérables et, pire encore, empêche les membres de l'équipe de se responsabiliser pleinement, tant à titre individuel qu'à titre collectif.

Par ses interventions, son approche, sa vision et sa cohérence, le leader donne le ton. La vulnérabilité dont il fait preuve n'implique pas nécessairement de pleurer ou de se sentir complètement démuni. Elle peut se manifester par des émotions, mais surtout par une transparence : il admettra par exemple qu'il n'a pas réponse à tout, qu'il a fait une erreur, qu'il a besoin des autres, qu'il a des forces et des faiblesses, des craintes et des doutes. En se permettant la vulnérabilité et l'imperfection, en se permettant de ne pas détenir la vérité, le leader s'ouvre à un lien authentique avec autrui. Le cas échéant, s'il a besoin d'aide, il le dira, et s'il est en désaccord, il le dira aussi (avec une approche d'égal à égal – « Je suis OK ; tu es OK ») sans se sentir personnellement menacé. Il faut savoir apprécier les débats d'idées, tolérer le risque et l'incertitude. Il faut aussi abandonner le vieux paradigme sur l'importance d'une « distance émotive » avec les collègues et les employés ; remplaçons-le par un confort dans l'exposition émotive, car celui-ci permet l'expression authentique.

J'ai abordé la conférence Ted de Brené Brown sur le pouvoir de la vulnérabilité. Sa perspective de chercheure nous propose en effet de voir la vulnérabilité comme un signe de force et de courage plutôt que comme une faiblesse. Cela nous ouvre la voie à être complètement nous-même, complètement humain, et, ainsi, nous rend inspirant pour nos équipes.

Avec Patrick, nous avons exploré par le coaching des façons de se montrer vulnérable, dans la mesure où il s'en sentait capable. Je lui ai demandé : « Quelle est la dernière fois où tu as osé avouer que tu n'avais pas la réponse à une question, ou que tu avais besoin d'aide ? » Je lui ai demandé dans quelle situation récente il avait accepté de l'aide et comment il s'était senti. Il m'a aussi raconté qu'un de ses employés lui avait témoigné son sentiment d'échec, et m'a dit l'effet que cet aveu avait eu sur lui. Nous avons échangé sur les avantages de la vulnérabilité, de quand et comment il pouvait être acceptable pour lui d'oser être vulnérable auprès de son équipe. Nous avons exploré comment il pouvait nourrir sa vérité d'équipe.

Je ne vous cacherai pas que le coaching avec Patrick a été tout un défi pour lui : il me l'a répété quelques fois. En même temps, j'ai eu des témoignages très touchants de membres de son équipe, qui le voyaient évoluer. Nous avons fait plusieurs pas ensemble et il a accepté de réaliser un exercice accompagné de consolidation d'équipe, à l'extérieur du bureau. Déjà, le simple fait d'avoir convoqué cette rencontre a porté fruit, puisque les membres de l'équipe ont confié qu'ils voyaient déjà des changements dans leur dynamique. Patrick leur a aussi présenté ses résultats de sondage et ses propres objectifs de perfectionnement. Se montrer ainsi vulnérable a eu encore plus de répercussions.

Clarifier la destination
(Où va-t-on ?)

Notre « destination », notre mission, nos objectifs d'équipe ne sont pas toujours clairs. Cela fait en sorte que chacun se concentre sur ses seuls intérêts personnels, qui eux ont le mérite d'être plus clairs ! Si notre vision d'équipe manque d'alignement, nous tenterons de répondre à nos interrogations par nous-mêmes et, de ce fait, de donner un sens à ce que nous faisons. Une destination d'équipe nébuleuse sème le doute. Dans ce contexte, les membres de l'équipe seront portés à s'abstenir d'intervenir, ou à n'intervenir que lorsque c'est tout à fait « sécuritaire » (jamais sujet à discorde), d'autant plus que leur ego craint l'échec.

Il va de soi que les athlètes de haut niveau doivent connaître leur cible s'ils veulent l'atteindre. Toute leur énergie et leur attention y sont portées. Leur cible est mesurable. Il en va de même dans nos organisations : le comité de gestion doit connaître sa cible, son rôle et sa contribution dans l'atteinte des résultats.

Pyramide décisionnelle

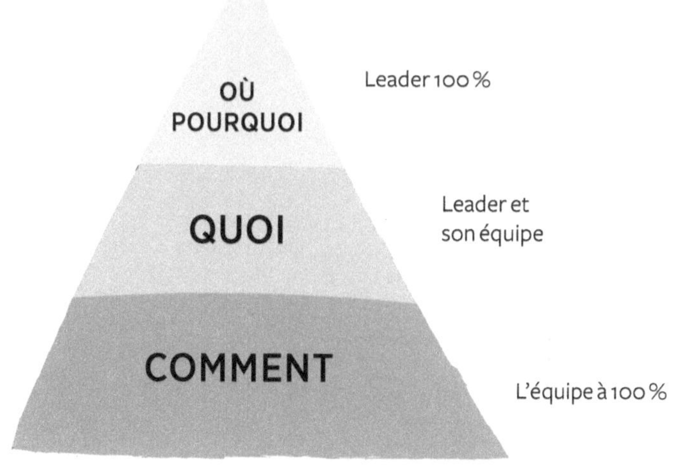

Il appartient au leader du comité de gestion de se concentrer sur cette cible, le « où » et le « pourquoi ». Sans direction et sans objectif commun, la confiance sera difficile à établir. Pour contrer l'individualisme, il faut donc donner une direction et un objectif de groupe qui soient clairs et porteurs, qui prendront le dessus sur les intérêts personnels et qui feront en sorte que les membres de l'équipe s'approprieront ensemble le « comment ».

> *Pour notre exercice de consolidation avec l'équipe de Patrick, malgré une implication discrète de sa part (sa personnalité le veut ainsi), l'équipe a redéfini les rôles de chacun, ainsi que la vision et les priorités des secteurs. Cela a fait en sorte que l'équipe elle-même est devenue plus forte. Elle a gagné en confiance grâce à des changements, notamment de destination. Plus cette destination et la vérité d'équipe auront été nourries au fil des discussions, moins le poids de chaque individu aura pesé, y compris celui du leader.*

Il existe plusieurs façons de désigner une vision et une direction claires : nous y reviendrons. Ici, je mentionnerai simplement que je privilégie l'approche démocratique, où un maximum d'implication des membres de l'équipe est sollicitée par le leader pour définir la vision. Une fois que cette vision est établie par l'ensemble, chaque membre est en mesure de lui donner vie de façon plus vibrante que si elle lui avait été proposée ou, pire, imposée.

Porter une attention constante
à notre dynamique d'équipe

Comme je l'ai déjà mentionné, la confiance n'a rien de statique, elle est en constante mouvance et l'évolution du contexte d'affaires et des changements d'individus au sein de l'équipe a souvent des répercussions sous-estimées. On peut atteindre la vérité d'équipe pendant un certain temps et la perdre sans trop s'en rendre compte pour se retrouver en phase de présentéisme ou de collaboration. Il faut constamment entretenir le climat en y consacrant de l'attention et de l'énergie. Avoir du vécu en tant qu'équipe nous permettra d'ailleurs de mieux nous connaître et d'apprécier nos contributions mutuelles.

 *Toujours dans le cadre de notre consolidation d'équipe, j'ai demandé au groupe :*

- *Combien de temps travaillez-vous chaque semaine en équipe de gestion ?*
- *En quoi pourriez-vous bénéficier de séances de planification stratégique plus longues ou plus fréquentes ?*
- *Connaissez-vous véritablement vos collègues, en tant que personnes ?*
- *Comment intégrez-vous de nouveaux joueurs au sein de l'équipe ?*

Les membres de l'équipe ont alors pris trois engagements envers leur dynamique d'équipe, qu'ils se sont promis d'appliquer au cours de l'année suivante, et dont le directeur des ressources humaines allait assurer le suivi.

Nous avons tendance à penser qu'il est de la responsabilité d'un nouveau joueur de s'intégrer et d'établir une relation de confiance avec ses collègues. Nous mesurons même, dans le cadre de sa période d'intégration, son aisance ou sa difficulté à bien s'intégrer à l'équipe. Or, il appartient à tous les membres du comité de gestion, et encore davantage au leader, de prendre conscience qu'une nouvelle dynamique est créée chaque fois qu'un nouveau joueur s'ajoute à l'équipe, et qu'on doit contribuer individuellement et collectivement à la redéfinir.

Des efforts conscients du leader et des membres de l'équipe peuvent être entrepris pour intégrer une nouvelle personne au sein d'un comité de gestion. On doit, ensemble, se remettre en question, évoluer, s'adapter, se présenter à nouveau dans nos rôles et nos contributions afin de nourrir la confiance. Voyons cela comme une occasion pour tout un chacun de se repositionner dans le portrait global.

 Un exercice que j'aime faire en équipe de gestion est de créer une occasion où les membres du groupe nomment, pour chaque collègue tour à tour, ce qu'ils apprécient le plus chez lui. Consignez ces compliments pour chaque personne afin de les lui remettre ensuite : vous lui ferez un beau cadeau ! Si vous souhaitez approfondir cette démarche, demandez aux membres de nommer aussi ce qu'ils souhaiteraient voir se déployer davantage chez cette personne. Voilà un exercice utile pour identifier des pistes d'amélioration, et travailler l'humilité et la vulnérabilité en groupe.

Pour mieux comprendre votre dynamique d'équipe, utilisez notre outil de diagnostic sur propulsezvotreequipe.com

Nourrir les six dimensions du climat de travail

Revenons au sondage du Korn Ferry / Hay Group. L'article cité plus haut propose de nous attarder à six dimensions du climat de travail qui seraient les plus susceptibles d'avoir un effet positif sur les gens, et donc sur la performance organisationnelle. Comme leader d'équipe, nous exerçons une influence considérable sur ces dimensions.

En cultivant un climat de confiance et une vérité d'équipe, en clarifiant les objectifs et en portant une attention constante au climat d'équipe et de travail, nous aurons une influence naturellement positive sur ces dimensions. Les voici :

1 **La clarté :** nous envisageons clairement la « destination » et nous savons ce qui est attendu de nous – comment nous pouvons y contribuer.

2 **Les normes :** l'emphase est continuellement mise sur l'amélioration et l'excellence ; les buts sont stimulants et atteignables.

3 **Le dévouement de l'équipe :** chacun ressent de la confiance et de la fierté envers l'organisation.

4 **La flexibilité :** il n'y a pas de règles ou de procédures superflues, et les idées sont prises en compte immédiatement.

5 **La responsabilisation :** les gens ont la compétence pour accomplir leur travail, ils sont habilités à performer et sont tenus responsables des résultats.

6 **La récompense :** la contribution et la performance des gens sont reconnues et récompensées à leur juste valeur.

Il est fascinant d'analyser des résultats de sondages sur le climat de travail. Les résultats du leader sont généralement proportionnels aux résultats de ses gestionnaires et de ses équipes. Et les répercussions d'un changement de leader au sein d'une équipe sont aussi flagrantes : toutes les variables du climat de travail peuvent soudainement bouger à la baisse ou à la hausse en l'espace de quelques mois.

 *En révisant les résultats du sondage d'engagement de Patrick et son équipe, le comité a réfléchi aux aspects suivants :*

- *comment l'organisation se positionnait-elle par rapport aux six dimensions susmentionnées ;*
- *comment les membres du comité pourraient, dès aujourd'hui, contribuer à nourrir davantage chacune de ces dimensions.*

Ensemble, ils se sont engagés à améliorer des éléments très concrets du climat de travail.

Nous verrons au prochain chapitre comment notre style prédominant de leadership a un effet sur les dimensions du climat de travail que nous venons de voir. Nous verrons aussi l'importance d'adopter avec souplesse différents styles selon les gens et les situations.

Est-il possible d'aider un comité de gestion à améliorer la confiance et la dynamique d'équipe sans l'implication du leader ?

C'est une question que je me suis fait poser à quelques occasions et que peut-être vous vous posez. Revenons à l'exemple de Patrick, qui a fait le constat d'une collaboration déficiente au sein de son équipe alors qu'il n'en était pas conscient auparavant. Jusque-là, il ne lui paraissait pas important d'établir des liens de confiance dans l'équipe. Le sondage d'engagement, dans ce cas, a été un outil pertinent pour sa prise de conscience. Ensuite, Patrick a pu faire avec son équipe un cheminement important. Il y a donc de l'espoir, même quand la volonté du leader ne semble pas présente initialement.

QUESTIONS DE COACHING

- À quel degré situez-vous la confiance au sein de votre équipe de gestion?

- Que pouvez-vous faire dès aujourd'hui pour augmenter le degré de confiance de votre équipe?

- Quel exercice d'équipe pourriez-vous proposer pour améliorer la confiance au sein du comité de gestion?

- Comment pouvez-vous nourrir votre vérité d'équipe?

- Quand et comment vous montrez-vous vulnérable?

- Votre «destination» d'équipe vous semble-t-elle claire? Qu'en pensent vos collaborateurs?

- Comment pouvez-vous porter davantage d'attention à votre dynamique d'équipe?

NOTES

Témoignages

Manon Brouillette, ex-présidente de Vidéotron, aviseure auprès de Fonds d'investissement et administratrice de sociétés, est une femme passionnée qui incarne un leadership très actuel. Elle aborde le fait que comme leader d'un comité de gestion, nous donnons le ton par tout ce que nous faisons et par la façon dont nous le faisons. « Les comportements qu'on valorise et qu'on reconnaît sont les comportements que nous retrouverons dans notre équipe. Et si l'on veut que nos gens pensent comme des présidents de leurs divisions, c'est à nous de créer un environnement et des conditions de responsabilisation. »

Charles Guay est conscient qu'il existe parfois un décalage entre son inten-tion et son influence. Avec vigilance, humilité et lucidité, il constate que comme leader d'une organisation, on peut avoir tendance à se voir soi-même comme un membre de « la famille », au même titre que ses collègues. « Nous oublions alors l'effet que peuvent avoir nos actions sur nos équipes en tant que président ou leader de l'équipe. » Il lui apparaît donc souhaitable de prendre un temps d'arrêt sur une base régulière pour se questionner sur son influence.

Pour Nicolas Gaudreau, le leader doit créer une fraternité – un esprit de corps. Il doit faire passer le « nous » avant le « je » : c'est ainsi qu'il créera des conditions gagnantes. « La confiance des membres de l'équipe est essentielle pour qu'on puisse se remettre en question avec authenticité. Pour permettre un environnement où on peut se mettre au défi de façon constructive, le leader doit s'assurer qu'on entende les opinions différentes et qu'il soit sécuritaire de faire des erreurs. Ensuite, il doit résumer [le pro-pos] et donner la direction derrière laquelle l'équipe peut se rallier. »

Grégoire Baillargeon décrit aussi son rôle comme étant de créer un environnement où les gens se sentent bien. Il souhaite utiliser le momentum, la souplesse et la fluidité pour éliminer les obstacles sur le chemin sans forcer la confrontation ou la collision. Il souhaite accélérer la confiance de son équipe envers la réussite et partager son enthousiasme contagieux. Grégoire, par son récit, me démontre qu'il cherche à bâtir un niveau de confiance de « vérité d'équipe » où il abandonne sa vérité individuelle pour y intégrer l'ensemble des perspectives des membres de l'équipe. Il m'a dit « le plus grand défi est l'alignement – aucun d'entre nous n'avons les réponses individuellement alors qu'ensemble nous avons les bonnes réponses ». Il souhaite créer une véritable collaboration en se concentrant sur les comportements (vs les résultats), c'est selon lui ce qui fait qu'ils ont tant de succès. Dans le monde bancaire dans lequel il transige, la notion de « performance » a toujours primée et il lui faut moduler cette culture bien ancrée au profit de la reconnaissance des comportements de collaboration.

Coaching

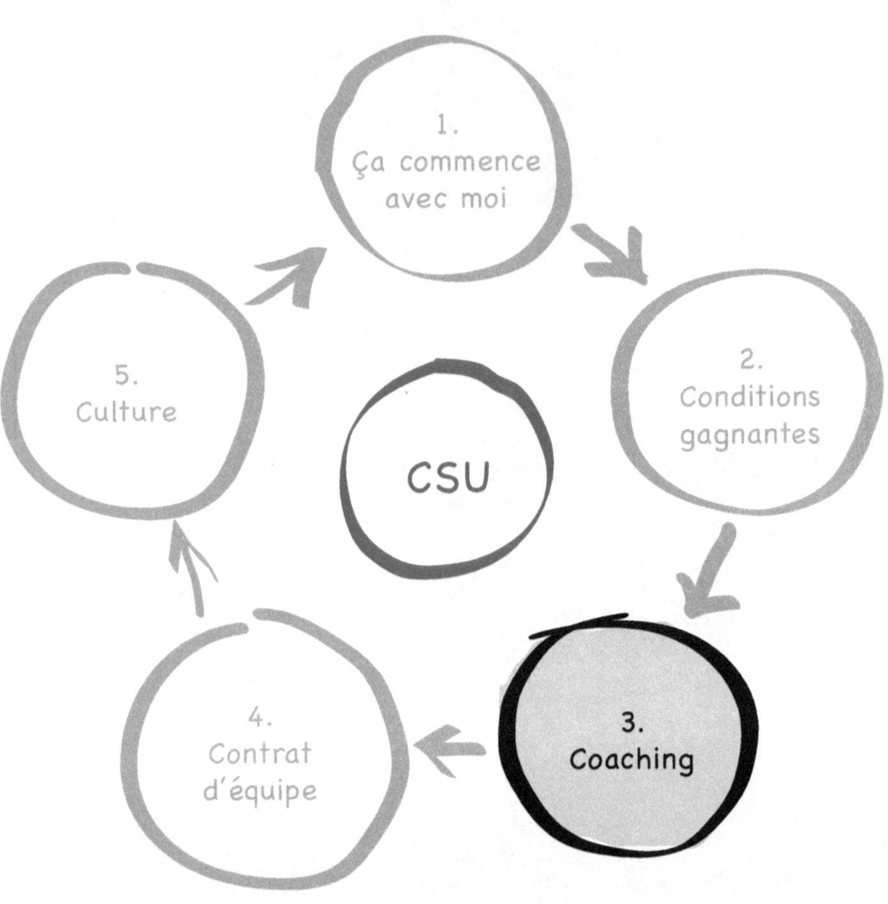
1.
Ça commence avec moi
2.
Conditions gagnantes
CSU
3.
Coaching
4.
Contrat d'équipe
5.
Culture

Qu'est-ce qu'un leader coach ?

Martin est directeur général dans le domaine du commerce de détail. Il dirige son comité de gestion en adoptant une approche très conviviale et collaborative. Il aime les gens, il croit profondément que tout le monde doit être entendu, il souhaite le bien de l'équipe. Pour lui, prendre une décision implique d'obtenir la perspective de tous pour faire émerger la meilleure option qui ralliera tous les membres de l'équipe. Dernièrement, lors de ses rencontres de comité de gestion, il s'est aperçu qu'un dossier n'avançait pas, qu'il était difficile d'obtenir un consensus sur la meilleure approche à prendre. Martin sent que son équipe commence à s'impatienter, des tensions ont émergé lors de la dernière réunion, chacun tentant de faire valoir son point de vue individuel de plus en plus fort. Quelques membres le sollicitent pour qu'il prenne position. Ils doivent avancer, ils ont besoin de trancher une question, et son approche collaborative ne permet pas de dénouer l'impasse. Martin, grand démocratique, se sent démuni. Dans son for intérieur, il est plus à l'aise avec le statu quo qu'avec la mésentente.

Dans le chapitre précédent, nous avons vu comment le leader du comité de gestion peut créer des conditions gagnantes en favorisant un climat de confiance, en se montrant vulnérable, en clarifiant la « destination », en portant une attention constante à la dynamique d'équipe et en nourrissant les dimensions importantes du climat du travail.

Toute équipe a aussi besoin d'un bon coach pour se dépasser. Si vous-même ou vos enfants pratiquez un sport d'équipe, vous êtes à même de constater l'apport de l'entraîneur au succès ou à l'échec de l'équipe ! Ce rôle de coach n'est pas réservé exclusivement au leader. Qui que je sois, je peux jouer un rôle de coach pour accompagner mon comité de gestion.

15. GOLEMAN Daniel, « Leadership That Gets Results », *Harvard Business Review*, mars-avril 2000.

Qu'est-ce qu'une approche de gestionnaire-coach ? Pour la mettre en perspective, je vous propose de revoir les six styles de leadership selon Daniel Goleman[15], tirés d'une recherche auprès de milliers de gestionnaires exécutifs. Nous pourrons ainsi mettre en parallèle nos propres tendances, prendre conscience de la pertinence d'employer différents styles et apprécier l'approche par le coaching pour son apport et au perfectionnement de nos employés et au développement de nos organisations.

6 styles de leadership

	LE LEADER	QUAND L'UTILISER	IMPACT DÉSIRÉ
DIRECTIF	Demande Réclame Prend des décisions «top-down»	Crises ou urgences de grande ampleur À utiliser avec précaution	Amener les gens à agir et/ou à changer rapidement
EXPERT	Met l'accent sur l'excellence Définit les standards	Les employés sont hautement qualifiés et motivés À utiliser avec précaution et en combinaison avec d'autres styles de leadership	Amener les gens à livrer des résultats
VISIONNAIRE	Mobilise Explique pourquoi Définit la vision Explique le contexte («big picture»)	Besoin d'une direction claire Toute situation	Inspirer les gens à innover et expérimenter
DÉMOCRATIQUE	Demande les opinions et les idées Écoute les préoccupations Souhaite le consensus	Développer l'engagement et le consensus Les employés ont une contribution à valeur ajoutée	Encourager la flexibilité et la responsabilité des gens
AFFILIATIF	Crée une harmonie Partage ses émotions Développe la confiance	Consolider des équipes éclatées Augmenter le moral À utiliser en combinaison avec d'autres styles de leadership	Encourager les gens à développer un sentiment d'appartenance et de loyauté
COACH	Soutien et accompagne Crée le dialogue Donne du feedback	Accroître le développement Toute situation	Encourager les gens à expérimenter et à relever de nouveaux défis

En quoi les divers styles de leadership peuvent-ils être utiles ?

Notons d'abord qu'il n'y a pas de mauvais ou de bon style de leadership en soi, quoique certains styles favorisent un meilleur climat que d'autres. Tout comme un chef cuisinier compétent saura marier plus d'un ingrédient pour sa recette, un gestionnaire compétent saura aussi exprimer différents styles de leadership pour réussir. Il saura s'adapter et jongler avec les styles selon le moment, le mandat à accomplir, le rôle à jouer, l'influence à exercer, la personnalité des collaborateurs, la dynamique d'équipe... Chaque situation requiert une justesse dans le style : il faut en prendre conscience et se le rappeler.

> *Quand j'ai présenté le modèle suivant à Martin, j'ai vu une étincelle dans ses yeux. Il s'est reconnu et a reconnu des membres de son équipe.*

Et vous, où vous reconnaissez-vous ?

1. **Le leader directif** demande, réclame, prend des décisions et s'assure qu'elles sont exécutées par les membres de son équipe. Il se concentre sur le *quoi*. Il a une approche « fais ce que je te dis de faire ». Ses attentes sont claires et il souhaite amener les gens à agir ou à changer rapidement. Ce style de leadership est particulièrement utile en temps de crise ou en mandat de redressement. Toutefois, avons-nous souvent de vraies situations de crise à gérer ? Combien de fois avez-vous vécu un incendie véritable au bureau ? Dans un rôle au sein d'un comité de gestion, ce style est donc à emprunter avec parcimonie. Il est axé sur le court terme et son effet sur les six dimensions du climat est plutôt négatif. Les gestionnaires directifs sont clairs sur le *comment* alors qu'un leader devrait l'être sur le *quoi* et le *pourquoi*.

2. **Le leader expert** est exemplaire, il met l'accent sur l'excellence et met la barre haute en termes de performance. Il souhaite amener les gens à livrer des résultats rapidement. Il sait comment livrer et en donnera l'exemple aux autres personnes. Tout comme le leader directif, l'expert est clair sur le *comment* plutôt que sur le *quoi* et le *pourquoi*, et y participe (alors que le directif, comme son nom l'indique, donne des directives). L'expert aime avoir le contrôle, il contribue lui-même activement aux solutions et il impose son rythme de travail accéléré. Il n'est pas très patient ! Son approche fonctionne bien pour obtenir

des résultats à court terme avec des équipes hautement qualifiées. Toutefois, son influence sur les dimensions du climat de travail, notamment à long terme, est aussi négative. L'expert oublie que le meilleur travail qu'il pourrait faire est d'aider les autres à contribuer plutôt que de faire le travail lui-même.

Beaucoup des leaders que je rencontre dégagent les styles directif et expert. Peut-être que vous vous y reconnaissez ? Ils sont aussi mes deux premiers styles naturels. Nous avons eu du succès et nous sommes probablement là où nous sommes grâce à ces approches. Toutefois, il nous faut prendre conscience de leurs limites pour créer un climat de travail positif et tracer un horizon à moyen et long terme. Quand nous devenons membre d'un comité de gestion, notre rôle premier est de nourrir la croissance de l'organisation à long terme pour qu'elle soit pérenne ; nous devons alors apprendre à adopter divers styles et nous y adapter. S'ancrer dans un seul style (directif ou expert) et perpétuer des automatismes n'optimisera pas le succès de notre organisation. Explorons les quatre autres styles de leadership et voyons comment nous pouvons les employer pour en tirer avantage auprès des bonnes personnes, au bon moment !

3. **Le leader visionnaire** définit la vision à long terme, explique le *pourquoi*, le *où* (une direction commune) et prend en considération le contexte. Il veut inspirer les gens à innover et à expérimenter. On le suivrait n'importe où tellement il est convaincu et convaincant ! En expliquant le *pourquoi*, il devient facile pour l'équipe de savoir comment s'y rendre. Les dimensions de responsabilisation et de reconnaissance deviennent donc intrinsèques. Les gens se montrent responsables et livrent des résultats. Le visionnaire crée chez les autres personnes de l'enthousiasme pour l'avenir et, en ce sens, il les inspire et les mobilise. Le visionnaire communique sa vision, souvent avec un brin de folie ! Ce style de leadership est très pertinent, entre autres, dans un contexte de gestion du changement. Il a un effet positif sur le climat, pour autant que le leader prenne garde de ne pas rester dans l'imaginaire. S'il reste trop conceptuel, il peut nuire à l'implantation concrète et faire diminuer la clarté puisqu'il ne pose pas de geste concret. Cela dit, un grand leader inclut l'aspect visionnaire à son style naturel, et sait traduire sa vision d'ensemble en gestes concrets à faire. Comme membre du comité de gestion, nous avons d'ailleurs cette responsabilité de traduire la vision d'ensemble pour l'arrimer avec celle de nos secteurs.

Comment développer ce style ? Expliquez toujours le pourquoi de chaque attente, clarifiez et précisez vos messages, informez-vous auprès de l'organisation et partagez tout renseignement pertinent avec votre équipe ; communiquez une vision inspirante.

4. **Le leader démocratique** (Martin) sollicite les opinions et les idées, écoute les préoccupations et cherche à obtenir le consensus. Il souhaite encourager la souplesse et la responsabilité. Il intègre la perspective de chacun et adopte une approche participative. En ce sens, il exerce une influence positive sur le climat de travail. Avec le démocratique, les gens ont voix au chapitre, ils se sentent impliqués et responsables. Tout comme le leader visionnaire, le leader démocratique vient adroitement donner une vision à l'équipe ainsi qu'une perspective à long terme. Son approche participative fait en sorte que chacun s'appropriera cette vision.

> *Le point de vigilance, pour un démocratique pur comme Martin, est que son approche peut donner lieu à beaucoup de discussions et à un manque de clarté dans la décision puisqu'il ne se positionne pas lors de divergences d'opinions. En gérant par consensus, Martin a compris qu'il pouvait provoquer de la frustration parmi son équipe et donner lieu à des luttes de pouvoir. Son intention « démocratique » (avec une tendance « affiliative » sous-jacente) était pourtant de s'assurer que le bien de l'équipe prime toujours. Il constate que le bien de l'équipe peut exiger, en fonction du contexte, qu'il emprunte un autre style de leadership. Cela a été révélateur pour lui.*

Comment développer ce style ? Demandez toujours une rétroaction, impliquez votre équipe dans la prise de décision, demandez aux membres s'ils ont de nouvelles idées et créez des occasions de travailler en commun.

5. **Le leader affiliatif** va créer une harmonie, des liens étroits, va partager ses émotions et susciter la confiance. Il souhaite encourager les gens à éprouver un sentiment d'appartenance et de loyauté. Comme motivation première, il se préoccupe du bien-être des gens. Nous avons tous besoin d'un minimum de fraternité dans nos organisations ! Même si la fraternité ne peut pas constituer l'unique motivation. Si nous sommes seulement préoccupés par le bien-être des gens, nous ne serons pas axés sur la performance. L'affiliatif pur manque de clarté, ses attentes sont trop basses, son approche ne génère pas de responsabilisation et ne favorise pas l'atteinte d'objectifs. Toutefois, ce style de leadership est pertinent pour consolider des équipes éclatées et pour rehausser le moral et le climat de travail. Selon moi, nous avons tous besoin de ce style de leadership, à petite dose et en tout temps, en combinaison avec d'autres styles de leadership.

Comment développer ce style ? Demandez aux autres personnes comment elles se sentent, écoutez plus attentivement, parlez moins, démontrez de l'empathie, manifestez de l'intérêt pour les préoccupations d'autrui et priorisez la résolution des conflits.

6. **Le leader coach** soutien et accompagne, suscite le dialogue, développe le potentiel des gens à long terme et donne de la rétroaction au quotidien. Il aide les autres personnes à trouver elles-mêmes réponse à leurs questions, à trouver elles-mêmes comment améliorer leur performance. Il pose beaucoup de questions, fait preuve d'écoute, sait suspendre son jugement, explore différentes options et met en lumière des occasions de croissance. Le coach apporte beaucoup de mobilisation et exerce donc une influence positive sur le climat de travail. Grâce à la mobilisation de son équipe, il obtient des résultats. Il souhaite encourager les gens à expérimenter et à relever de nouveaux défis par eux-mêmes. Il améliore chez chacun la conscience de soi, de son influence, l'empathie. C'est un leader qui bâtit les forces de l'équipe à long terme. Il présume que les membres de son équipe sont compétents et il a confiance en eux.

Comment développer ce style ? Demandez l'opinion d'autrui, déléguez, donnez de la rétroaction et offrez un accompagnement soutenu, prenez le temps de discuter de l'épanouissement et du perfectionnement des employés, et acceptez que votre équipe fasse des erreurs.

Je vous propose de remplir le questionnaire, pour un aperçu de vos styles de leadership prédominants. Vous pouvez l'utiliser avec vos équipes et partager vos résultats !

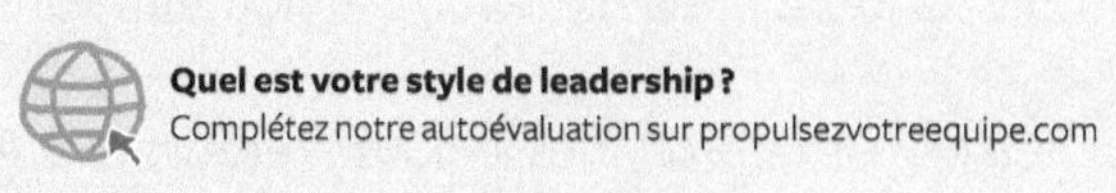

Quand j'ai discuté du modèle des six styles avec Martin, il a pris le temps de répondre aux questions suivantes :

- *Quels étaient les avantages et les points de vigilance de son approche naturelle ?*
- *Dans quelles situations récentes avait-il fait preuve d'un leadership visionnaire – directif – expert – coach ?*
- *En quoi il n'était pas naturel pour lui d'emprunter la posture du coach ?*
- *Quels styles de leadership souhaitait-il employer davantage ?*

Martin est ressorti de notre conversation avec des pistes intéressantes pour son perfectionnement, afin de s'exercer aux styles directif et coach.

La recette gagnante pour les années à venir

Dans le contexte d'affaires où nous évoluons, où les impératifs sont changeants, où nous avons accès à une panoplie d'informations, où la rapidité d'exécution est de mise et où les gens veulent être autonomes et responsables, il m'apparaît idéal de combiner différents styles de leadership selon la situation. Cette approche malléable entraîne des interventions beaucoup plus adaptées aux différents contextes et donne une perspective à court, moyen et long terme.

Si nous sommes membres d'un comité de gestion, nous sommes certainement entourés de gens intelligents et compétents, nous gérons une équipe dont le mandat est de livrer les projets à court terme. Notre rayon d'action devient donc le long terme. Si nous ne prenons pas ce rayon d'action, qui le prendra ?

Nous avons tous notre style naturel, nous aimons y retourner et être dans cette zone confortable, nous y allons aussi surtout quand nous sommes stressés et par automatisme. Si nous ne prenons pas conscience des besoins que requièrent la situation et les gens avec qui nous collaborons, nous resterons campés dans notre style naturel, qui peut s'avérer être adapté ou non.

Je pense que les leaders qui expriment des styles ayant exclusivement un effet à court terme (soit les styles « directif » et « expert »), sans emprunter d'autres styles, seront bientôt complètement dépassés et ne correspondront pas à ce dont ont besoin les comités de gestion.

**Pour une recette gagnante,
je considère ces trois éléments :**

1. Les styles de leadership qui exercent la meilleure influence sur le climat de travail, y compris à long terme, sont les styles « visionnaire », « coach », « démocratique » (et « affiliatif » à plus faible dose).
2. La clé d'un leadership efficace est de combiner plusieurs styles.
3. Il faut choisir le bon moment pour revêtir chacun de ces styles.

Donc, la recette gagnante pour une approche de leadership optimales est :
+ adopter principalement, et en alternance, les styles visionnaire, démocratique et coach
+ un peu du style affiliatif en tout temps
et revêtir les styles directif et expert avec parcimonie lors de situations précises.

Ce n'est pas une recette simple, j'en conviens. Elle requiert de savoir manier beaucoup d'ingrédients, d'avoir du doigté et de s'exercer !

Martin a poursuivi son cheminement pour intégrer différents styles de leadership lors d'une réunion de planification stratégique avec les membres de son équipe. Ceux-ci l'ont prévenu : lorsqu'ils devraient choisir entre différentes options, s'ils n'y parvenaient pas par consensus, ils lui demanderaient, à lui, de trancher. L'équipe lui a répété : « C'est ce qu'on attend de toi. » Ce message a étonné Martin, qui a compris qu'en voulant trop reconnaître l'expertise de chacun, il démobilisait parfois son équipe. Ce constat a renforcé son intuition qu'il devait apprivoiser et parfois emprunter le style directif, prendre la parole, trancher. C'était une perspective inédite pour lui.

Ce qu'il y a de bien quand nous prenons conscience de notre style prédominant, c'est qu'une fois sous pression, si nous revenons à notre style naturel, nous pouvons reculer d'un pas pour nous demander si ce style est celui qui sert le mieux les besoins de la situation.

? Être plus conscients nous pousse à nous interroger. Par exemple, je m'arrête et me demande de quelle façon l'experte en moi fait que mon équipe est dévouée et performante. Cela m'oblige aussi à me demander : « Qui ai-je besoin d'être ? » pour aider mon équipe à s'améliorer, à se dépasser. Arrêtez-vous un instant à ces questions. Cette réflexion vous montrera qu'à l'intérieur même d'une relation ou d'une discussion, nous pouvons adopter plusieurs styles, transiter d'un à l'autre tout en souplesse et en adaptabilité. C'est dans cet espace de recul que nous pouvons devenir démocratiques, visionnaires ou coachs en fonction de la situation. C'est selon moi l'endroit où nous allons à la rencontre de notre nature profonde, où nous donnons le meilleur de nous-mêmes, où nous entrons dans le « flow » !

Les avantages d'une approche par le coaching

De tous les styles de leadership, le coaching est celui qui stimule le mieux le potentiel et la productivité des gens à long terme, tout en les motivant et en leur permettant de se perfectionner, de se transformer. Il incite les gens à trouver par eux-mêmes leurs propres solutions et ressources, pour ainsi donner le meilleur d'eux-mêmes, en termes de présence comme de performance.

Le coaching est toutefois le style de leadership le moins courant et le plus difficile à maîtriser, puisqu'il requiert l'acquisition de compétences comme :

- une conscience de soi élevée ;
- des habiletés en communication ;
- une écoute attentive ;
- une rétroaction prompte et systématique ;
- une habileté pour poser des questions ;
- une bonne gestion des émotions – les siennes et celles d'autrui.

16. WEINTRAUB Joseph R. et HUNT James M., « 4 Reasons Managers Should Spend More Time on Coaching », *Harvard Business Review*, 29 mai 2015.

Le *Harvard Business Review*[16] a publié un article où des chercheurs tentaient de démontrer pourquoi certains gestionnaires appliquent des techniques de coaching et ce qui les distingue des autres. Selon l'article, ces gestionnaires croient à la valeur du coaching et de sa présence dans la boîte à outils. **Ils y voient quatre avantages principaux :**

1. atteindre les objectifs d'affaires dans un contexte évolutif et changeant ;
2. stimuler les gens pour leur permettre d'atteindre leur plein potentiel ;
3. nourrir la curiosité du gestionnaire-coach (puisqu'il pose beaucoup de questions) ;
4. tisser des liens, avec empathie, pour adapter son approche aux gens.

Martin a découvert que l'approche par le coaching pouvait lui être utile. Sa bonne écoute et sa bonne gestion des émotions, combinées avec son intérêt pour le développement professionnel, lui ont facilité l'acquisition de compétences en coaching. Avec un peu de pratique, il a vite constaté qu'il pouvait optimiser ses conversations, trouver des nouvelles pistes de solutions et faciliter sa prise de décision.

Au-delà des compétences relationnelles, le coaching implique d'abord et avant tout d'établir un lien de confiance avec les gens et d'investir du temps dans leur épanouissement. Il implique de délaisser l'approche hiérarchique traditionnelle pour adopter une approche collaborative avec une posture, comme nous l'avons vu précédemment, d'égal à égal entre collègues. Cette approche requiert aussi une forme de lâcher-prise sur le résultat à court terme, lâcher-prise qui n'est pas nécessairement naturel pour les leaders directifs ou experts ! Le défi que je propose au prochain chapitre est donc d'apprivoiser et d'intégrer davantage cette approche.

QUESTIONS DE COACHING

- Comment avez-vous réagi aux résultats de votre autoévaluation en ligne sur votre style de leadership ?

- Selon vous, en quoi votre style de leadership dominant actuel influe-t-il sur votre équipe ?

- Quels sont les deux styles de leadership que vous aimeriez explorer et employer davantage ?

- Qu'allez-vous entreprendre pour ce faire ?

- Côtoyez-vous des gens qui utilisent fréquemment l'approche par le coaching ?

- Êtes-vous en mesure de les observer et de déduire en quoi ils influent sur leur équipe ?

- Dans quelles circonstances pourriez-vous agir davantage en gestionnaire-coach ?

NOTES

Comment devenir coach ?

Nathalie est gestionnaire en marketing. Je l'ai rencontrée lors d'un atelier sur l'acquisition des compétences de gestionnaire-coach. Elle a d'abord confié au groupe que son plus grand défi de gestion concernait son conseiller, Mathieu. Mathieu semble mal gérer ses priorités. Il est porté à dire oui à tout. Responsable et orienté sur les clients, il n'aime pas déplaire et se trouve par conséquent à gérer des urgences toute la journée, ce qui l'empêche de livrer ses dossiers diligemment. Nathalie apprécie la qualité du travail de Mathieu et sa bonne attitude. Voulant le soutenir et le voir s'épanouir, elle l'a inscrit à une formation de deux jours sur la gestion du temps et des priorités. Elle s'attendait à voir des améliorations à l'issue de cette formation, mais ce fut à peine le cas. Elle ne s'explique pas pourquoi il stagne. Quand nous la questionnons, le style directif de Nathalie ressort assez clairement : elle a tendance à décider elle-même pour Mathieu afin de s'assurer que les livrables prioritaires soient respectés. Elle se sent obligée d'intervenir fréquemment. Elle lui dit : « Coupe deux priorités, sinon on ne livrera pas », ou encore : « Laisse-moi voir tes priorités, je vais en couper moi-même. » Elle se demande si c'est peine perdue et si Mathieu est « tout simplement comme ça », ou si l'atelier peut enfin lui apporter des pistes de solution encore inexplorées pour aider son employé à se transformer.

Après avoir pris connaissance de nos styles de leadership prédominants, des avantages de l'approche par le coaching, et considérant que le coaching est un des styles les plus puissants pour améliorer la capacité des équipes et leur procurer un horizon à long terme, nous allons nous y attarder davantage. Comment utiliser des compétences de coaching dans notre rôle de gestionnaire ? Comment adopter plus souvent une posture de gestionnaire-coach ?

J'ai eu l'occasion de dire un jour à une cliente que l'objectif n'est pas que les leaders et les gestionnaires deviennent eux-mêmes des coachs, mais plutôt de leur donner accès, parmi d'autres styles de leadership, à celui du coach, qui est moins naturel et qui demande de la pratique. Mon intention est donc d'offrir ici des pistes de réflexion et des outils concrets pour que vous puissiez ajouter l'approche par le coaching à votre boîte à outils de leader.

De plus, en tant que membre d'un comité de gestion, vous vous demandez peut-être comment créer une culture de coaching dans votre organisation. Je vous renverrai donc à l'idée selon laquelle « Tout commence avec soi ». Nous devons d'abord apprendre à être à l'aise nous-même avec les bases du coaching pour encourager nos équipes à parfaire aussi leurs compétences en la matière.

La présence à l'autre et le tissage d'un lien de confiance, qui sont nécessaires au coaching, passent d'abord par l'écoute. L'écoute véritable, avec une attention profonde. C'est ce que nous allons aborder d'emblée. Nous allons ensuite expérimenter des outils de questionnement et de communication pour maximiser nos interventions. Nous compléterons l'intégration d'une posture coach avec un modèle de coaching tout simple, en trois étapes.

L'écoute est la prémisse au coaching

Même si nous écoutons depuis notre naissance et que c'est une aptitude intrinsèque que nous possédons tous, il serait faux d'affirmer que nous avons tous une bonne écoute ! Nous nous écoutons d'abord nous-même avec les dizaines de milliers de pensées par jour qui défilent dans notre cerveau. Nous écoutons nos propres états d'âme, et nous écoutons en mode réactif : prêts à répondre à l'autre sur-le-champ. Comme gestionnaire, nous écoutons nos clients, nos employés, nos objectifs d'affaires, de secteur, nos livrables, nos suivis, nos échéanciers, nos enjeux d'équipe, nos enjeux interdépartementaux… Beaucoup de pensées et de préoccupations circulent dans notre tête.

17. Boylan Chrissy, « The Language of Yoga: Exploring the Dimensions of Language and its Relationship to the Study, Practice and Teaching of Yoga », *In-Depth Teacher Training Project*, 2019

Nous aurions effectivement environ des dizaines de milliers de pensées par jour. Je le répète puisque je trouve important que nous réalisions l'ampleur de la place qu'occupent toutes ces pensées dans notre esprit, et qui n'améliorent pas notre écoute. Souvent, les mots négatifs que nous prononçons deviennent des pensées négatives et ces pensées deviennent des schémas récurrents de pensées négatives. La science populaire estime que les êtres humains ont entre 12 000 et 60 000 pensées par jour, malgré qu'il n'y ait pas de méthode empirique pour circonscrire un chiffre exact. La National Science Foundation des États-Unis estime que 80 % de ces pensées par jour sont négatives, dont 95 % sont des schémas de pensées répétitives du jour précédent[17].

Pour écouter attentivement, il nous faut donc chasser toutes les pensées qui émergent pendant qu'on écoute l'autre. Cet exercice demande de la rigueur et de la motivation. Il faut arrêter de s'écouter d'abord pour pouvoir écouter l'autre. Parfois, nous parvenons à une écoute plus attentive : nous le savons puisque nous ressentons alors une meilleure « connexion ». Avez-vous vécu cet état lors d'une conversation récente avec un employé ou un collègue ?

Je pourrais aussi ramener l'ego sur la table ! Croyez-vous que l'ego apprécie l'écoute ? Rappelons-nous que l'ego préfère avoir raison, tout savoir tout de suite, ne pas remettre en question ses certitudes… L'ego ne m'apparaît pas le plus grand fervent de l'écoute. Cela dit, nous allons faire fi de sa présence sournoise et prendre conscience des trois niveaux d'écoute dont nous faisons preuve ou pourrions faire preuve tous les jours, et que nous négligeons peut-être de considérer.

Niveau 1: l'écoute intérieure.
Je m'écoute.

Au niveau 1 de l'écoute, nous n'écoutons pas l'autre puisque nous nous écoutons nous-même d'abord. Nous en faisons l'expérience dans nos conversations quotidiennes : pendant que l'autre personne parle, nous entendons parallèlement notre voix intérieure, nos pensées, nos opinions, et même la réponse que nous allons donner quand nous aurons de nouveau la parole. C'est l'écoute pour pouvoir parler en retour, pour former notre opinion ou pour prendre une décision. C'est un niveau d'écoute que nous avons acquis naturellement, qui parfois génère des incompréhensions, des malentendus, des conflits puisque nous passons à côté d'informations clés pour comprendre tous les éléments d'une situation. À moins d'avoir l'intention d'améliorer notre écoute, plusieurs d'entre nous demeureront toute leur vie à ce niveau de base.

Quels sont les signes d'une écoute au niveau 1 ? Nous sommes distrait, parfois pressés, nous interrompons, nos questions sont limitées, nous ne regardons pas l'interlocuteur dans les yeux.

Exemple de l'écoute intérieure : quand Nathalie aborde avec Mathieu la question de sa gestion des priorités, elle lui demande de lui expliquer pourquoi il a de la difficulté à atteindre ses livrables. Pendant que Mathieu lui répond, elle se demande ce qu'elle peut mettre en place pour l'aider. Elle lui répond en proposant des solutions et des choix. La conversation permet à Nathalie de partager ses propres inquiétudes et ses solutions.

Niveau 2 : l'écoute pour comprendre.
J'écoute l'autre pour moi.

Au niveau 2 de l'écoute, nous écoutons pour entendre et pour comprendre une situation. Nous quittons notre monde intérieur, nous ne sommes plus distrait par nos propres pensées ou états d'esprit. Notre énergie se concentre sur l'autre, nous écoutons attentivement les mots prononcés, nous sommes sensible au ton de voix et au langage du corps pour comprendre ce que la personne veut dire ou ressent. Cette écoute nous permet de bien comprendre une situation. C'est un niveau d'écoute que nous adoptons parfois spontanément, lorsque nous sommes motivé. Nous aurions avantage à écouter le plus souvent possible à ce niveau puisqu'il permet une meilleure compréhension des situations et favorise le tissage de liens de confiance.

Quels sont les signes d'une écoute au niveau 2 ? Nous sommes présent, concentré sur ce que la personne nous exprime, nous posons des questions pour mieux comprendre, nous regardons l'interlocuteur, nous sommes sensible au langage du corps et aux émotions.

> *Exemple de l'écoute pour comprendre : quand Nathalie aborde avec Mathieu la question de sa gestion des priorités, elle le questionne davantage : « Qu'est-ce qui est arrivé ? », « Comment t'es-tu senti ? », « Quels ont été les obstacles ? », « Qu'est-ce que tu aurais pu faire autrement ? » Ses questions sont orientées sur le passé, elles permettent à l'autre de raconter. La conversation permet à Nathalie de juger de la situation pour proposer des solutions en ayant acquis une meilleure compréhension du contexte.*

Niveau 3 : l'écoute profonde.
J'écoute l'autre pour l'autre.

Au niveau 3 de l'écoute, nous avons une écoute globale, nous écoutons l'autre pour lui et non pas pour nous-même. Nous ne sommes pas là pour la performance, nous sommes là pour l'autre. Nous écoutons dans un état d'esprit détaché de nos propres intentions, nous écoutons avec cœur, avec intuition, sans jugement. Nous entendons ses valeurs, ses croyances, ses suppositions, son énergie, son intention, ses compétences, ses émotions au-delà de ce qui est exprimé, ses ressources, son potentiel, et son dévouement. C'est en ce sens que nous écoutons de façon globale, comme un canal extérieur à la conscience de l'autre. C'est un niveau d'écoute auquel peu d'entre nous accèdent. Pour y parvenir, nous devons en avoir l'intention claire et nous y exercer. L'écoute au niveau 3 est pourtant un cadeau qu'on offre à l'autre !

Quels sont les signes d'une écoute au niveau 3 ? Nous sommes dans un état de présence attentive et nous écoutons toutes les formes de communication, ce qui est dit et ce qui n'est pas dit, les pensées derrière les mots. Les questions se posent intuitivement, nous hochons la tête, nous agissons comme un miroir pour l'autre et nous ressentons une étroite « connexion ».

18. Tiré de la « règle du 7 % – 38 % – 55 % » ou « règle des 3V » d'Albert Mehrabian, psychologue et professeur états-unien.

Exemple de l'écoute profonde : quand Nathalie aborde avec Mathieu la question de sa gestion des priorités, elle questionne et écoute sans jugement de valeur, elle est attentive à son timbre de voix, au rythme avec lequel il parle, et elle « entend » ses émotions. Elle pose des questions ouvertes, elle vérifie, elle résume et reformule pour refléter ce qu'il exprime, pour lui. Comme les mots que nous employons sont personnels, elle emprunte le langage de Mathieu. Et les mots seuls ne suffisant pas à exprimer la pensée, elle écoute à 100 % (7 % de la conversation est verbale, 55 % visuelle et 38 % vocale)[18]. Elle écoute pour que Mathieu puisse faire des prises de conscience. Ses questions sont orientées sur le futur pour l'aider à trouver comment il peut résoudre son problème.

Avec Nathalie, nous nous sommes questionnées sur son niveau d'écoute, pour qu'elle réfléchisse à ses habitudes et à son désir de perfectionnement.

- *De quel niveau d'écoute fait-elle preuve la majorité du temps ?*
- *Dans quelle conversation récente a-t-elle eu l'impression d'écouter au niveau 3 ? Qu'a-t-elle ressenti alors ? Quelle incidence a eu son écoute sur la conversation ?*
- *Comment peut-elle améliorer son écoute au quotidien, pour la maintenir aux niveaux 2 et 3 ?*

Nathalie a réussi à aborder Mathieu avec une nouvelle perspective. Sa prochaine conversation allait lui être une belle occasion d'exercer son écoute profonde.

Voici un exercice que je vous propose de faire en équipe. Déposez trois cartons sur le sol, chacun identifiant un des trois niveaux d'écoute. Demandez à une personne de parler d'un enjeu qu'elle a récemment affrontée au travail, et de décrire la situation. Pendant que la personne parle, demandez aux collègues d'écouter au niveau 1 en se concentrant sur leur propre voix intérieure, leurs pensées et opinions. Toujours pendant que la personne décrit sa situation, pointez le carton du niveau 2, en demandant de se concentrer à bien comprendre la situation. Finalement, invitez à écouter au niveau 3 avec le cœur, l'intuition et sans jugement.

Faites ensuite un retour en groupe. Maintenant, que vous avez expérimenté les 3 niveaux d'écoute, que constatez-vous comme différences ? Quelles particularités apporte chacun des niveaux ? Comment l'écoute influence-t-elle votre capacité d'accompagner votre collègue ?

Perfectionner notre écoute
et poser des questions autrement

Pour une écoute plus attentive de la part du leader, il faut d'abord que celui-ci concentre son énergie sur son intention d'écoute, en priorisant l'interlocuteur. Ensuite, il doit exercer certaines habiletés qui exigeront une discipline et des efforts ciblés. Aux niveaux 2 et 3, il lui sera de plus en plus aisé de varier le niveau de son attention selon les besoins de la conversation.

Dans quelles situations, et avec quels collègues ou employés vous sentez-vous à l'aise d'exercer votre écoute aux niveaux 2 et 3 ?

Au-delà de cet état d'esprit et de cette intention dirigée, quelques outils très concrets peuvent aussi nous aider à nous exercer.

Le questionnement

UTILISER PLUS SOUVENT	UTILISER AVEC PRÉCAUTION
Questions ouvertes • Comment ça se passe? • Sur quoi aimerais-tu te concentrer ? • Qu'as-tu appris ? **Questions d'approfondissement** • Quoi encore…? • Dis-en plus…? • Quoi, précisément…?	**Questions fermées** • Est-ce clair? • Sais-tu quoi faire maintenant ? • Est-ce que cela répond à ta question? **Les « Pourquoi »** • Pourquoi faire cela ? • Pourquoi est-ce important à tes yeux ? • Pourquoi t'attarder à cela ?

Toute question, selon la façon dont elle est posée, donne une orientation au dialogue. Évitons d'expliquer de long en large notre question ou encore de tenter d'y répondre nous-même. Et posons avec parcimonie les questions fermées, qui limitent le champ des possibilités. Par exemple : « Est-ce clair ? », « Sais-tu quoi faire maintenant ? » ou encore « Est-ce que ça règle le problème ? ».

Les meilleures questions sont simples, courtes, ouvertes, cherchent à clarifier le propos, elles peuvent provoquer ou mettre au défi, elles sont orientées sur les solutions et sur l'avenir. Elles permettent aux gens de changer leur façon de penser en explorant de nouvelles possibilités, en faisant prendre conscience de nouvelles perspectives et en menant à de nouvelles réponses insoupçonnées.

Nous orientons souvent nos questions sur le *pourquoi* afin de comprendre l'autre. Pourquoi as-tu fait ça ? Pourquoi as-tu choisi cette option ? Ce type de question peut être intimidant. Nous pouvons formuler autrement, dans la même intention de comprendre. Par exemple : « En quoi est-ce important pour toi ? »

En prévision de sa prochaine conversation avec Mathieu, Nathalie prépare quelques questions. Au lieu d'adopter son approche directive naturelle, elle posera des questions telles que : « De quoi as-tu besoin pour remplir ton mandat principal ? », « De quoi as-tu besoin pour choisir et prioriser ? », « Comment peux-tu concentrer ton énergie sur ce qui est important ? », « En quoi puis-je t'être utile ? » Elle se dit qu'en écoutant attentivement, elle entendra aussi son intuition pour la guider et lui faire poser les bonnes questions au bon moment.

Le silence

Le silence est un outil de communication puissant qui est peu exploité. Comme nous sommes généralement en écoute aux niveaux 1 et 2, nous avons tendance à penser que le silence est vide. Il nous rend donc mal à l'aise, il nous intimide, nous n'osons pas y rester et nous ressentons le besoin de combler le vide. Cet espace peut être inconfortable par ce qui en émerge, et aussi parce qu'il suspend l'action.

Au niveau 3 de l'écoute, le silence nous semble plein ; on écoute ce qui émerge plutôt qu'on ne s'active. Offrir un tel moment de silence devient comme offrir notre écoute optimale : c'est un cadeau pour l'autre !

Si vous souhaitez vous exercer à offrir des moments de silence lors de vos prochaines conversations, prenez volontairement une pause de quelques secondes après une question ou un propos significatif d'un collègue. Remarquez l'effet. Est-ce que le silence donne du poids aux propos de l'autre ? Résistez à répondre du tac au tac, laissez-vous le temps d'apprivoiser la pause.

Une fois que nous l'avons apprivoisé, le silence nous permet, à nous-même et à notre interlocuteur, de réfléchir plus profondément, de nous ouvrir aux possibilités, de se poser des questions, de faire des prises de conscience et d'observer. Aussi, sans le bruit des mots, notre esprit se retrouve face à lui-même, il se calme et prend du recul : il peut alors imaginer et projeter des solutions.

NOTES

Le modèle de coaching

Le coaching étant un style de leadership qui requiert de l'entraînement et qui n'est pas très naturel de façon générale chez les leaders, j'ai beaucoup de plaisir à leur présenter le modèle de coaching en trois étapes lors de mes séances de travail. J'ai l'impression qu'ils découvrent alors qu'ils ont une baguette magique entre les mains, qui peut ouvrir beaucoup de perspectives pour les gens qu'ils coacheront et qui a le pouvoir de créer une culture de coaching dans leur organisation. Faites-en l'essai vous-même et appréciez les effets !

Les 3 étapes du modèle de coaching

RÉSULTAT POSITIF

1
CRÉER
DE LA
CLARTÉ

- Comment puis-je être utile ?
- Quel est notre **objectif** aujourd'hui ?
- Quel est le **résultat** que tu recherches ?
- À quoi ressemblera le **succès** ?

LA RÉALITÉ ACTUELLE

2
GÉNÉRER
DES
OPTIONS

- Quelles sont tes options ?
- Qu'est-ce qui est **possible** ?
- Comment peux-tu ?
- Quelles **ressources** peux-tu utiliser ?
- Quels sont les obstacles ?
- Quoi d'autre ?

VOLONTÉ/RÉSUMÉ / APPRENTISSAGE

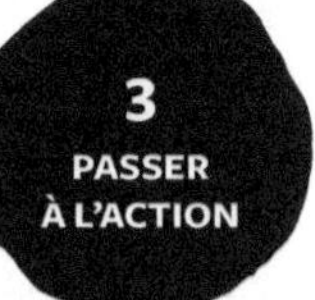

3
PASSER
À L'ACTION

- Que vas-tu faire ?
- **Quand** vas-tu le faire ?
- **Comment** vas-tu le faire ?
- As-tu livré ce que tu avais prévu livrer ?

Étape 1 : Clarifier le résultat souhaité

La première étape d'une conversation de coaching est de définir le résultat positif souhaité par l'autre. Cette étape implique d'activer notre posture de coach. Elle est la plus difficile à cause de notre réflexe d'« expert » en résolution de problèmes et de notre ego, qui nous amènent à vouloir trouver la solution nous-même, et vite, quand quelqu'un nous fait part d'un problème. Je ne sais pas si vous connaissez ce sentiment qui vous fait dire : « J'ai trouvé, j'ai la solution ! » Pour entamer une conversation de coaching, il faut résister à cette tentation de régler nous-même la situation selon le résultat souhaité.

Le but de cette étape est d'explorer avec notre employé ou notre collègue ce qu'il souhaite, lui, tirer de la situation, pour l'aider à formuler son intention. Pour y arriver, nous devons l'encourager à clarifier son besoin et son souhait – sa « destination ». C'est l'occasion de prendre un temps d'arrêt, d'écouter au niveau 3. À force d'explorer ce que l'autre veut, en posant des questions, en faisant des pauses silencieuses, nous aurons de bonnes chances d'atteindre plus facilement la prochaine étape, la détermination des options possibles.

Des exemples de questions pour créer de la clarté :

- Quel est ton objectif ? Quel est le résultat souhaité ?
- Sur quoi nous concentrons-nous aujourd'hui ?
- À quoi ressemble la réussite pour toi ?
- Que souhaites-tu trouver à l'issue de cette conversation ?
- Comment vas-tu savoir que tu l'as atteint ?

Étape 2 : Générer des options

La deuxième étape de la conversation de coaching consiste à générer des options et des solutions. Ayant découvert où l'autre voulait aller, nous avons augmenté ses chances de s'y rendre. La destination est clarifiée : le *comment* apparaît plus facilement.

Généralement, lorsque notre employé ou notre collègue a identifié le résultat souhaité, sa « destination », il proposera spontanément une ou deux options pour l'atteindre. Le silence est d'or à cette étape. Deux options forment souvent un dilemme, alors que trois est un chiffre magique qui permet vraiment de faire un choix ! Mettons notre chapeau de rêveur pour imaginer tous les possibles... et permettons-nous d'être fou ! À cette étape, il s'agit d'encourager l'interlocuteur et de l'amener, par nos questions, à creuser et à explorer jusqu'à ce que se dégagent au moins trois options. Devant plusieurs options, il sera en mesure de choisir celle qui l'anime le plus. Les chances que notre employé ou notre collègue soit motivé à mettre en application sa propre solution quand elle vient de lui sont nécessairement plus élevées que si elle lui avait été dictée.

Des exemples de questions pour générer des options :

- Quelles sont tes options ?
- Lesquelles sont viables ?
- Comment pourrais-tu... ?
- Sur quelles ressources peux-tu compter ?
- Quels sont les obstacles à l'atteinte de la solution ?

Étape 3 : Inciter à l'action

En ayant investi le temps nécessaire à la première étape (la clarification), en ayant ensuite généré des options pour atteindre des objectifs donnés, nous avons mis la table pour prendre un engagement, pour prononcer un « oui » fort qui pousse à l'action.

La troisième et dernière étape du coaching est de confirmer l'intention d'agir, et d'inviter à se mettre en mouvement. Par nos questions et notre écoute attentive, nous aiderons l'autre à s'aligner sur sa solution et confirmerons que c'est bel et bien ce qu'il a envie de faire. Comme leader, quand nous adoptons un état d'esprit de coaching, le prochain geste à faire ne doit pas venir de nous, il doit venir de l'autre. Nous l'invitons à réfléchir sur les étapes à franchir pour atteindre son objectif, et sur le temps requis pour y parvenir. Notre intention est d'aider l'autre à comprendre qu'il a toutes les ressources pour mettre en place ce qu'il veut, et de l'inciter à mettre en marche sa solution.

Des exemples de questions pour inciter à l'action :

- À quel point as-tu confiance en ta solution ?
- Que vas-tu faire pour la mettre en marche ?
- Quand veux-tu le faire ?
- De quelle façon veux-tu le faire ?

Ce modèle n'est pas linéaire ; les étapes ne s'alignent pas dans un ordre fixe et aucune n'exige le même investissement en temps. La première étape, où l'on clarifie la destination, est généralement la plus longue. Et comme nous sommes souvent tentés d'aller directement du problème à la solution, rappelons-nous l'importance de l'exploration à chaque étape.

Lors de notre dernière rencontre, Nathalie avait commencé à parfaire et à exercer ses aptitudes de coaching auprès de Mathieu. Avec la conscience de son écoute et le modèle de coaching comme guide, elle a senti qu'elle avait commencé à l'aider à améliorer véritablement sa gestion du temps et des priorités. Elle a encouragé Mathieu à clarifier sa « destination ». Ils ont exploré les options ensemble, il a fait des choix par lui-même. Il s'est beaucoup ouvert lorsqu'elle lui a demandé : « De quoi as-tu besoin, de ma part ou de la part de l'équipe, pour éliminer certains de tes dossiers ? » Et il s'est engagé avec enthousiasme à livrer deux projets importants et à en reporter d'autres. Avec cette nouvelle approche, Nathalie a senti que Mathieu commençait à acquérir lui-même des réflexes nouveaux. Elle continue de travailler sur elle-même, et s'efforce notamment de ne pas tout solutionner à la place des autres – Mathieu y compris.

Parfaire nos habiletés à avoir des discussions, comme leaders, qui créent de la clarté, qui ouvrent à la réflexion, qui génèrent des options et des solutions, et qui tiennent pour responsables les personnes impliquées : voilà une des clés de la réussite en affaires. Le modèle de coaching en trois étapes peut donc vous aider notamment à :

- éclaircir l'enjeu ;
- définir le résultat souhaité ;
- élargir la réflexion sur les choix et les options ;
- éliminer les obstacles et tirer profit des ressources ;
- vérifier la volonté et la capacité d'agir ;
- susciter des gestes concrets et entreprendre les prochaines étapes.

Une telle approche par le coaching instaure discipline et rigueur. En tant que membre d'un comité de gestion, nous devons être en mesure d'avoir ce genre de conversation, que ce soit face à face ou virtuellement, seul à seul ou en groupe.

Exercice individuel : Identifiez la prochaine discussion qui sera favorable pour que vous mettiez à l'essai l'approche par le coaching en trois étapes. Préparez-vous à cette discussion puis, une fois qu'elle a eu lieu, faites un bilan.

Exercice en dyade : Avec un collègue, exercez-vous au modèle de coaching en trois étapes. Chacun à votre tour, décrivez une situation réelle que vous souhaitez explorer. Votre interlocuteur est responsable ici, d'appliquer les trois étapes en pratiquant son écoute au niveau 3 et en vous questionnant. Ensuite, vous pourrez intervertir les rôles pour que chacun s'essaie au rôle de gestionnaire-coach.

- Qu'avez-vous appris et remarqué ?
- Quelles sont les différences avec vos conversations de tous les jours ?
- Quelles sont les retombées positives pour le coach ? Pour le coaché ?

QUESTIONS DE COACHING

- Dans quel cadre allez-vous exercer vos habiletés d'écoute et de questionnement ?

- Comment vous sentez-vous lorsque vous marquez une pause silencieuse dans une conversation avec un employé ou un collègue ?

- Comment, avec qui et dans quel contexte pourriez-vous apprivoiser davantage le silence ?

- Quels éléments clés retenez-vous du modèle de coaching à trois étapes ?

- À quelle situation allez-vous appliquer ce modèle, dès aujourd'hui ?

- Comment contribuerez-vous à créer une culture de coaching dans votre organisation ?

- Quelles seraient les retombées positives dans votre organisation s'il s'y instaurait une culture de coaching ?

NOTES

Témoignages

Pour Manon Brouillette, « le succès d'une entreprise passe absolument par les gens et leur développement ; à partir du moment où une entreprise implante un programme de perfectionnement des gestionnaires, il faut absolument que le comité de gestion participe à cette démarche ». D'abord, le comité doit faire partie de la prise de décision quant au programme : « Le savoir-faire et le savoir-être appartiennent à tous les membres du comité de gestion. » Et comme le leader et l'équipe de gestion donnent le ton, ils doivent être les premiers à suivre le programme. « On ne peut pas faire une démarche juste avec les gestionnaires sans que le comité de gestion l'ait fait auparavant. Nous devons d'abord nous-mêmes devenir des coachs pour soutenir nos gestionnaires dans leur acquisition des compétences de coaching. Autrement, ce sera très difficile d'avoir du succès aux autres niveaux, puisque ce sont des compétences qui ne sont pas innées, qui doivent être acquises et que nous devons nous-mêmes incarner. »

Toujours selon Manon, « pour devenir un leader-coach et donc acquérir cette compétence, je dois développer la conscience de moi, de mon style de leadership, et je dois acquérir la connaissance et l'exercer de façon systématique et consciente ». Créer une culture de coaching est un défi qui exige d'adopter des comportements nouveaux. C'est justement pour cette raison qu'il faut, selon Manon, commencer d'abord par le comité de gestion afin qu'il change de conduite en amont, pour ensuite accompagner les gestionnaires dans la même démarche. C'est ainsi qu'un programme de leadership aura du succès.

Manon nous invite à la réflexion : « Quelles sont nos attentes face aux collaborateurs en gestion des ressources humaines ? Plus les RH prennent un rôle de mobilisation et de développement, plus elles nous soutiennent à cet effet, plus les gestionnaires leur délèguent la responsabilité. » C'est donc dire que les gestionnaires doivent mener de front le perfectionnement de leurs équipes et que les gens des RH doivent devenir des accompagnateurs-coachs.

J'ai collaboré avec Sara Leclerc et son équipe de gestion afin de les encourager à créer une culture de coaching au sein de ViiV Canada. L'intention de Sara était que tous les membres du comité de gestion agissent comme des coachs les uns envers les autres, et non seulement auprès de leurs propres équipes. Pour elle, comme équipe, « on met souvent notre focus sur la performance ; il est aussi important de le mettre sur la prise de décision, sur les conversations ouvertes et sur le perfectionnement de nos leaders et gestionnaires en tant que coachs ».

Sara souhaite vraiment mettre en valeur le meilleur des gens, leur plein potentiel. « La seule façon d'y arriver est d'avoir des conversations vraies, d'aborder honnêtement les questions délicates, et aussi d'adopter une approche par le coaching qui sera adaptée à l'étape où la personne se situe dans sa tâche ; c'est un travail continu. » Elle ajoute : « Si nous n'avions pas pris ce temps pour nous, en comité de gestion, je ne crois pas que nous aurions pu aider les autres personnes à s'améliorer.

Contrat d'équipe

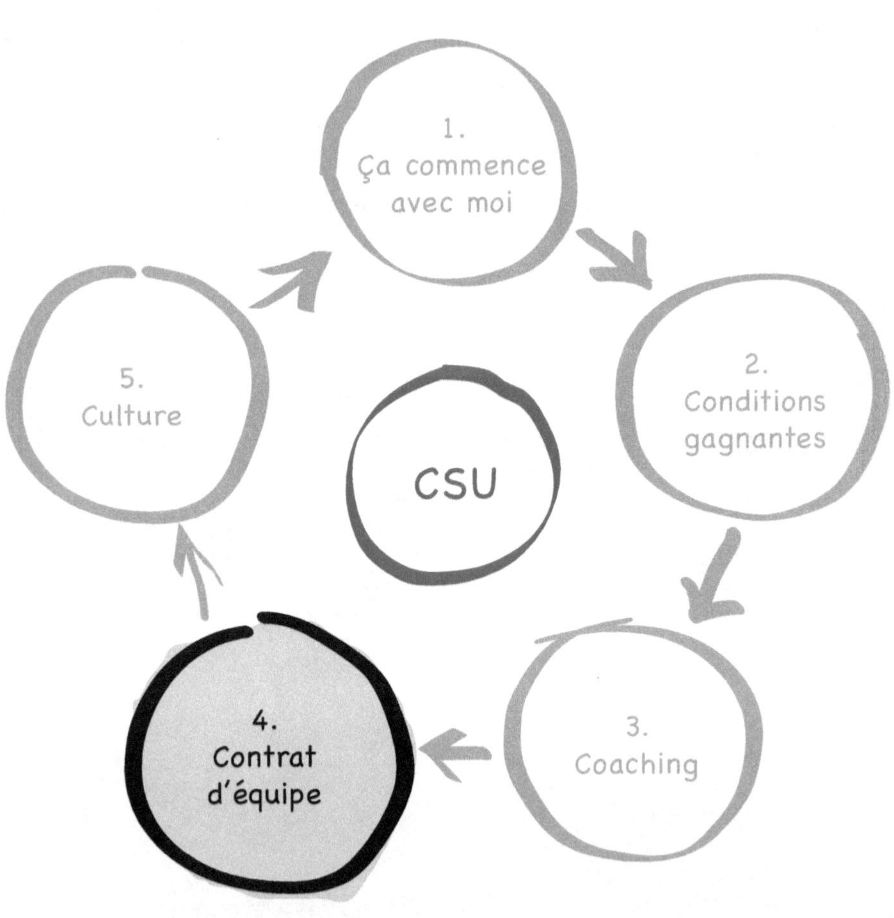

1.
Ça commence
avec moi
2.
Conditions
gagnantes
3.
Coaching
4.
Contrat
d'équipe
5.
Culture
CSU

Marc est directeur général d'une firme de conception de logiciels scolaires. Embauché il y a sept ans comme directeur technologique alors que l'entreprise comptait une centaine d'employés, il a contribué à accélérer la croissance au cours des dernières années. L'entreprise compte maintenant 350 employés. Marc a été promu à la direction générale il y a deux ans. Son directeur des RH et sa directrice du marketing lui parlent régulièrement du besoin de définir une vision d'entreprise et une direction à suivre pour orienter les décisions, et pour inspirer les employés et les clients. Marc arrive un matin en comité de gestion et propose un énoncé de vision : « Devenir le leader en conception de logiciels scolaires à Montréal. » L'équipe accueille chaleureusement cette proposition et décide de la communiquer aux employés dans une note de service, puis produisent des affiches qu'ils exposeront dans les différents services. Un an plus tard, lors de rencontres informelles avec les employés, Marc constate que la vision ne semble pas inspirer les membres du comité de gestion et les employés. Marc abordera le sujet avec son comité de gestion à cet effet lors de la prochaine rencontre d'équipe.

Gérer la coopération vers un but commun, passer du « je » au « nous » en cohérence avec une vision d'entreprise, est un défi de tous les jours pour tout comité de gestion.

Il faut donc prendre conscience de l'« interdépendance » des membres de l'équipe et réfléchir à nos contributions mutuelles. Comme équipe, nous formons un tout : chaque membre a une place – sa place. Il me vient en tête l'image d'une chaîne, dont tous les maillons sont attachés et interagissent. Il en va de même dans une dynamique d'équipe. Sans les autres membres, notre valeur de membre est diminuée. Par leur valeur, notre valeur est augmentée.

J'aime comparer une équipe de gestion à une équipe de soccer ! Sa mission, tout comme celle d'une équipe de soccer, est de garder le ballon à l'intérieur des limites et de ne pas l'échapper – tous les joueurs de l'équipe partagent cette responsabilité. En tant que comité de gestion, notre rôle est d'attraper le ballon quand il vient vers nous, d'aider nos collègues à compter des buts, d'aller à leur secours au besoin, d'être présents au bon endroit, au bon moment ! Le ballon tombera inévitablement à un moment ou à un autre. Avec courage, nous nous retrousserons les manches, ensemble. C'est tout un sport, j'en conviens !

Dans le cadre de mes démarches auprès de comités de gestion afin de gérer une collaboration vers l'atteinte de buts communs, j'intègre au processus la définition de notre vision, de nos rôles, de nos contributions, de nos priorités stratégiques et de nos normes d'équipe. Nous consolidons ensuite le tout en un contrat d'équipe. C'est à cette étape que je vous convie, avec votre équipe, pour solidifier votre collaboration et vous garantir une partie gagnante !

Inspirer une vision d'équipe et un sens personnel

La majorité des entreprises ont un énoncé de vision. Un énoncé de vision déclare les objectifs de l'organisation afin de guider sa prise de décision. Est-ce qu'elle est claire, hautement inspirante et tangible ? Est-ce qu'elle revêt un sens personnel pour chaque membre de l'équipe ? Est-ce qu'elle guide la prise de décision au quotidien dans l'ensemble des secteurs de l'organisation ? Est-ce qu'elle est toujours adaptée au contexte ?

Un leader performant aura comme capacité inhérente celle de mettre en place une vision inspirante pour son équipe, qui suscite le désir de réalisation et de dépassement. Une vision bien articulée aide les membres de l'équipe à prendre conscience qu'ils sont des acteurs clés de la réussite de l'entreprise. Elle permet de comprendre les retombées du travail accompli **(le *quoi*)**, les raisons pour lesquelles il doit être fait **(le *pourquoi*)** et la direction dans laquelle on va **(le *où*)**.

Souvent, comme leader, nous avons une vision assez claire de notre destination, et nous pensons que c'est aussi clair pour les autres personnes. Nous oublions trop souvent d'expliquer comment la vision peut se traduire dans les activités courantes.Est-ce que nous nous assurons d'en discuter suffisamment? D'expliquer ce qu'elle veut dire pour chaque personne en lien avec ses opérations quotidiennes?

Lorsque j'ai rencontré Marc, il avait déjà abordé son comité de gestion afin d'élucider pourquoi les employés ne semblaient pas adhérer à la vision qu'il avait proposée. Il est ressorti que d'autres entreprises montréalaises prenaient des parts de marché importantes et que la vision « devenir le leader en conception de logiciels scolaires à Montréal » générait de l'inquiétude et du stress de performance au sein des équipes. Nous avons organisé ensemble un exercice de planification stratégique.

Malgré que Marc m'ait fait part de sa vision avec beaucoup de passion, cette même vision ne résonnait pas chez son comité de gestion et chez les équipes. Avec un « pourquoi » et un « où » perçus comme inatteignables, beaucoup de grisaille et d'incertitude planaient. Une vision qui n'est plus adaptée à son contexte, qui n'est pas réaliste, qui manque de clarté ou qui ne se traduit pas en termes de priorités fait en sorte que chaque personne voudra mettre en valeur son rôle individuel pour donner un sens à son travail et pour mobiliser son équipe. C'est ce qui se produisait.

Nous avons donc ouvert le dialogue avec l'équipe de gestion pour examiner de nouveau la vision : Pourquoi sommes-nous ici ? Quel horizon visons-nous ? Comment la vision doit-elle évoluer ? Nous avons mûri la définition du pourquoi – il s'agit d'un travail tellement important.

Pour moi, une vision porteuse sera simple et inspirante : tout le monde pourra en parler aisément. Lorsque nous sommes en table ronde, la vision anime et suscite les conversations. Elle fait en sorte que les gestionnaires des ressources humaines se préoccupent des ventes et que les gestionnaires du marketing se préoccupent des finances… On passe d'un mode d'interaction où chacun « défendait » ses projets ou ses budgets à un mode où « nous devenons tous des présidents qui réfléchissons comme si l'ensemble des enjeux de l'organisation nous concernait ». Les ventes, les ressources humaines, le marketing, les technologies de l'information, tous les secteurs font que la partie sera gagnée ou perdue.

Pensons aussi en termes de legs. Quelles traces souhaitons-nous laisser derrière nous ? Plus notre vision est forte en termes de legs, que ce soit par ses conséquences sociales, environnementales, sur le milieu de vie ou sur le bien commun, plus elle sera inspirante. Plus notre vision revêt un sens personnel pour chacun, plus elle valorise le travail que nous réalisons individuellement. Et alors, nous n'avons plus besoin de nous accorder de l'importance en tant qu'individu puisque le sens de notre travail devient intrinsèquement lié à la vision collective.

Qu'est-ce qui est le plus satisfaisant pour vous : être le secteur le plus performant de votre organisation ou contribuer au succès de votre organisation ? Tout bon leader devrait encourager un environnement où le succès de l'organisation est plus satisfaisant et nourrissant que le succès individuel.

Pour créer la vision et faire en sorte qu'elle soit partagée collectivement, je favorise évidemment une approche démocratique qui sollicite la participation de tous les membres du comité de gestion.

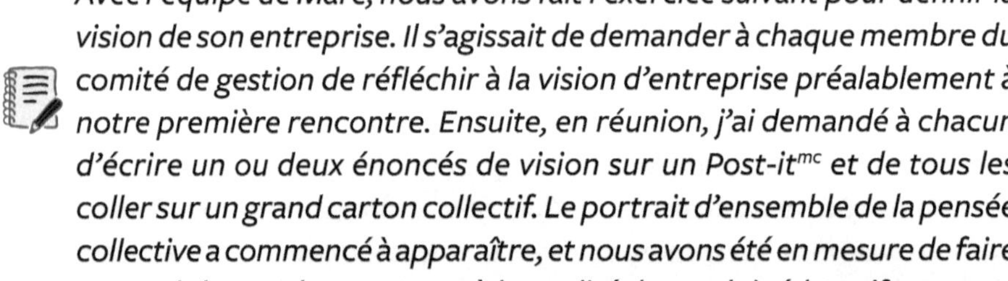

Avec l'équipe de Marc, nous avons fait l'exercice suivant pour définir la vision de son entreprise. Il s'agissait de demander à chaque membre du comité de gestion de réfléchir à la vision d'entreprise préalablement à notre première rencontre. Ensuite, en réunion, j'ai demandé à chacun d'écrire un ou deux énoncés de vision sur un Post-it[mc] et de tous les coller sur un grand carton collectif. Le portrait d'ensemble de la pensée collective a commencé à apparaître, et nous avons été en mesure de faire ressortir les tendances quant à la qualité du produit éducatif que nous offrions pour orienter la discussion sur les « vraies » questions :

- *Quels aspects de nos produits sont inspirants ?*
- *Qu'est-ce qui nous importe ?*
- *Qu'est-ce qu'on priorise ?*

La vision s'est transformée. C'était désormais la suivante : « Devenir la référence en matière de logiciel éducatif à Montréal. » C'était beau de constater combien les membres du comité de gestion avaient soudain les yeux pétillants !

Mon conseil : évitez de vous perdre dans des débats philosophiques et gardez à l'esprit l'importance de la simplicité.

Dans un deuxième temps, nous avons eu une discussion qui visait à traduire cette vision en des objectifs stratégiques d'entreprise et d'équipes. Comment chaque équipe pouvait-elle contribuer à la vision d'entreprise ? Sur quoi les équipes allaient-elles travailler en priorité ? Qu'est-ce que la vision allait changer dans leur façon de travailler ? Qu'est-ce que chacun devait faire de plus, ou différemment, par rapport à ce qu'il faisait auparavant ? Nous avons fait un tour de table pour nous assurer que tout le monde était en mesure d'intégrer ce que la vision voulait dire pour son équipe. Le comité de gestion résonnait enfin à l'unisson.

Maintenant, comment pouvions-nous faire en sorte qu'à l'extérieur du comité, toutes les équipes raisonnent de la même façon ? C'est en communiquant avec les équipes que nous pouvons les solidariser autour d'une cause commune. C'est le « test » ultime pour vérifier notre énoncé de vision ! Mieux vaut se préparer en créant une structure d'implantation et de communication réfléchie : c'est ce que l'expérience m'a appris ! Et surtout, prenons le temps nécessaire pour bien définir comment la vision peut se traduire en objectifs opérationnels. Nous faciliterons ainsi le travail de nos gestionnaires et l'adhésion des équipes.

? Vous êtes peut-être aussi gestionnaire sans faire partie du comité de gestion, et vous n'avez pas contribué à définir cette vision ? Votre rôle est quand même de trouver comment vous pouvez vous rallier à la vision d'entreprise, et comment vous pouvez y contribuer. Comment pouvez-vous la rendre cohérente avec la mission de votre secteur ? Avec vos propres tâches et celles de votre équipe ? Comment porter cette vision et la transmettre ?

19. *The Best Ways to Communicate Your Organization's Vision*, Center for Creative Leadership

Le Center for Creative Leadership (CCL)[19] propose neuf trucs pour communiquer une vision d'entreprise.

1. Raconter une histoire pour rendre la vision vivante, pour mettre en confiance et servir de rappel.

2. Perfectionner notre « discours d'ascenseur » pour communiquer de façon concise et claire.

3. Utiliser plusieurs formes de médias technologiques pour maintenir le message en circulation et augmenter les opportunités de compréhension au sein de l'organisation.

4. Avoir des conversations en tête-à-tête pour rejoindre personnellement les individus impliqués.

5. Cibler un « public » interne pour identifier les joueurs clés qui vous aideront à rallier le reste des joueurs.

6. Rayonner à l'extérieur de l'entreprise en transmettant votre vision aux clients et aux partenaires.

7. Créer des souvenirs en utilisant des métaphores, des discours, des slogans ou tout autre véhicule créatif.

8. Guider « l'expédition » en informant les gens régulièrement des progrès vers la réalisation de la vision.

9. Appliquez ce que vous prêchez et donnez l'exemple par votre conduite, pour maintenir votre crédibilité et ainsi renforcer la vision d'entreprise.

Et j'insiste sur l'importance de prêcher par l'exemple. Soyons cohérents dans nos messages, notre conduite et nos décisions, qui contribuent à donner vie à la vision. Tout commence par nous ; soyons donc les premiers messagers d'une vision que nous véhiculerons énergiquement dans l'organisation et dans nos secteurs.

QUESTIONS DE COACHING

- Comment rappelez-vous régulièrement la vision à votre équipe ?

- Comment démontrez-vous de la passion et de l'enthousiasme envers la vision de l'organisation ?

- Quels sont les obstacles qui vous empêchent de transmettre la vision et comment pouvez-vous les surmonter ?

- Que retenez-vous des trucs proposés ci-dessus et comment pouvez-vous les adapter à votre contexte ?

NOTES

Miser sur l'intelligence collective

Maintenant que la direction à suivre est bien définie et que nous sommes prêts à insuffler une vision à toute l'entreprise, comment pouvons-nous, à court, moyen et long terme, rester focalisés sur cette même vision? Comment éviter de nous laisser happer et distraire par les urgences et les idées stimulantes qui bourdonnent dans nos comités de gestion?

Lors de réunions en comité de gestion, il faut travailler en cohérence avec notre vision et de façon productive en mettant en valeur notre intelligence collective: voilà encore une des clés du succès. À mon sens, l'intelligence collective résulte de la qualité des interactions entre les gens et elle représente ce qui émerge de la *multiplication* des idées, plutôt que de leur addition. Lorsqu'elle sert un but commun, l'intelligence collective est un outil puissant.

? Selon moi, en travaillant de cette façon, nous constaterons davantage de fiabilité et de prise en charge active.

- Faites-vous appel à l'intelligence collective de votre comité de gestion lors de la prise de décision?
- Comment vos décisions stratégiques sont-elles prises?
- Comment pourriez-vous davantage faire appel au consensus ou même au vote?

Une PDG d'une grande entreprise que j'ai abordé pour discuter du contenu de ce livre me disait à quel point faciliter des rencontres de comité de gestion représentait un défi pour elle. Elle trouvait qu'il lui était plus aisé de rencontrer des individus seul à seul que de faire face à la dynamique collective de tout le comité de gestion réuni. Elle me mentionnait que «faire opérer tout le monde ensemble était tout un défi». L'expression «dynamique d'équipe» implique d'ailleurs les notions de mouvement et d'impermanence: donc, quand nous pensons avoir trouvé une bonne recette, elle doit déjà être repensée.

Pour parvenir à faire émerger l'intelligence collective lors de vos comités de gestion, un moyen que je privilégie est de déléguer les rôles au fil des rencontres. Le leader de l'équipe ne devrait pas à lui seul jouer à la fois le rôle de leader d'équipe, d'animateur de la rencontre, de juge de la cohérence, d'arbitre de la résolution de conflits et de la mise en place des plans d'action subséquents. Distribuer les rôles permet au leader de coiffer plus facilement son chapeau de visionnaire, et aux autres membres de l'équipe d'adopter différentes postures et perspectives.

Voici le partage des rôles que je propose de façon générale :

Le gardien du *focus* et du temps : il s'assure que tout le monde reste focalisé sur l'objectif à atteindre et marque le passage du temps. Lorsque le temps est écoulé, comme il appartient à l'équipe de gérer le temps de réunion, le gardien demande s'il convient de s'arrêter, de poursuivre la conversation ou de la remettre à l'ordre du jour d'une prochaine rencontre.

L'observateur : il donne de la rétroaction sur les comportements observés (désirables ou indésirables) et invite les gens concernés à dire le fond de leur pensée. Il est sensible à la dynamique d'équipe, remarque lorsqu'il y a des malaises et invite les gens concernés à exprimer les non-dits.

Le scientifique : il fait en sorte que toutes les hypothèses soient envisagées, qu'on oriente toujours la réunion sur la recherche de solutions et l'innovation.

Le challenger : il invite le groupe à remettre en question le *statu quo*, à sortir de sa zone de confort et à envisager des scénarios contraires ou improbables.

Le décisionnaire : il invite à trancher en cas d'impasse, par exemple en proposant une troisième option afin d'élargir les perspectives, ou en « forçant » le positionnement par un vote.

Le solidaire « en action » : il s'assure qu'après un débat, on détermine un geste concret à faire, avec un responsable, un échéancier, et que tous soient solidaires.

L'« éléphant dans la salle » : il exprime ce qui n'est pas dit explicitement mais qui, qu'on le veuille ou non, gêne la discussion.

Vous pouvez les adapter, en retirer et en ajouter ! Devant l'équipe, nous adoptons généralement notre rôle naturel, selon notre personnalité et notre bagage. La distribution et la variation des rôles d'une rencontre à l'autre nous forcent à lâcher prise sur notre objectif personnel pour contribuer au projet collectif. Elles incitent à la pleine participation, à la stimulation, à la mobilisation, à l'ouverture, à l'autonomie et à la responsabilité conjointe de tous les membres de l'équipe.

Déléguer les rôles, en outre, solidarise les interlocuteurs, les pousse à sortir de leur posture individuelle et opérationnelle pour créer des discussions orientées vers un but commun, en cohérence avec la vision d'entreprise. Le tout, dans l'intention d'avoir des réunions plus productives, orientées vers ce qui importe vraiment, et permettant un remue-méninges qui débouchera sur des solutions, des décisions et des points de suivi.

La délégation de rôles est très enrichissante, tant en termes de cheminement individuel qu'en termes d'esprit d'équipe. Elle évite que les débats tournent en rond, et ouvre à de multiples avenues.

> *Toujours dans le cadre de la démarche avec Marc et son équipe, nous avons présenté le modèle de délégation des rôles. Pour en faire l'expérience, ils ont fait une première réunion pour déterminer qui prendrait quel rôle à la prochaine réunion. Après coup, nous avons effectué un retour et un bilan sur la rencontre en question. Qu'est-ce qui s'était bien passé ? Moins bien passé ? Quelles améliorations pouvions-nous envisager ?*
>
> *Les membres de l'équipe se sont rendu compte que l'exercice était plus difficile qu'ils ne le pensaient, qu'ils avaient besoin de s'exercer pour se familiariser avec l'approche et pour pleinement incarner les différents rôles.*
>
> *La clé du succès pour la suite consistera à ne pas viser la perfection et à varier les rôles au fil des réunions.*

Pour approfondir cette démarche, inscrivez les titres des rôles sur des cartons de couleurs. En début de réunion, distribuez les cartons (chaque collègue placera le sien devant lui). Chacun voit le rôle des autres. Cela amène une perspective collective intéressante !

NOTES

Maintenir le cap sur la réussite

Il est très pertinent et utile, pour maintenir le cap sur notre vision, de nous donner des normes d'équipe. Les normes d'équipe consolident notre volonté de bien collaborer ensemble. Elles balisent les comportements : ceux qui sont acceptables et ceux qui ne le sont pas. Ce sont les règles que nous nous donnons pour collaborer efficacement en équipe, et qui influencent les comportements et les attentes.

Certaines entreprises vont se donner des normes de bonne conduite, des normes quant au déroulement des réunions, aux prises de décision, aux communications verbales, aux échanges par courriel, aux processus de gestion, etc. Chaque entreprise est unique et a des besoins distincts. Il y a donc autant de possibilités de normes pertinentes qu'il y a de voies à l'imagination. L'important est de déterminer les normes qui seront pertinentes pour amener votre organisation vers le succès.

Pour revenir à l'exemple de Marc et de son équipe, nous avons fait l'exercice de désigner des normes d'équipe qui s'appliqueraient à la tenue des réunions, qui définiraient la bonne conduite attendue des membres du comité de gestion dans leurs interactions et leur processus de prise de décision. Voici ce qui en est ressorti.

Tenue de réunions :
- Arriver à l'heure aux réunions.
- Préparer un ordre du jour.
- Éteindre les appareils électroniques (usage permis durant les pauses).

Bonne conduite :
- Faire preuve d'ouverture en tout temps
  (« Je ne suis pas mon opinion »).
- Avoir une qualité de présence et devenir des champions de l'écoute.
- Oser se mettre davantage au défi.
- Faire part de ses intuitions et de ses malaises au reste du groupe.
- Respecter la confidentialité des propos.

Prise de décision :

- S'assurer que tous les points de vue ont été entendus.
- Oser donner son point de vue même quand il va à contre-courant.
- Être solidaires des décisions qui sont prises par consensus.
- S'entendre sur ce qui sera communiqué et comment.

Je vous propose un exercice d'équipe pour définir vos normes. En comité de gestion, relatez des bonnes et moins bonnes expériences que vous avez vécues. Qu'est-ce qui a bien fonctionné et moins bien fonctionné ? Faites un tour de table et prenez des notes sur un tableau. Ensuite, orientez la conversation sur le fonctionnement de votre équipe dans le cadre des rencontres. Qu'est-ce qui fonctionne bien et moins bien ? Consolidez ce qui ressort au tableau. En lien avec ces éléments, quels comportements permettent de renforcer le succès d'équipe ? Prenez en note ces éléments, qui constitueront possiblement des normes. Révisez ces normes et voyez lesquelles auraient le plus d'incidence sur le succès de l'équipe et auxquelles tous sont prêts à adhérer. Rédigez un projet de normes, en lien avec ce qui est ressorti, et soumettez-le à l'examen et à la révision de tous afin qu'il soit adopté lors de votre prochaine rencontre.

Les normes de votre équipe seront le reflet de son contexte, de sa culture d'entreprise, de ses valeurs, de ses défis, de ses réussites et de ses contributeurs. Elles peuvent varier dans le temps et il est important de se les rappeler en équipe sur une base régulière et dès qu'un nouveau membre intègre l'équipe. Vous pourriez même intégrer la norme suivante : « Nous nous donnons le droit de nous rappeler les normes » ! Il ne reste plus qu'à consolider votre vision, vos priorités stratégiques et vos normes d'équipe dans un contrat formel, votre contrat d'équipe.

Avec Marc et son équipe, nous avons poussé l'exercice plus loin en intégrant à notre démarche les forces et les « points de vigilance » de chaque membre de l'équipe, ainsi que leur volonté individuelle de se perfectionner. Nous avons consolidé tous ces éléments dans un document écrit : il en est ressorti un contrat de cinq pages. Ce contrat permettra de nous rappeler ce qu'il s'est dit et de nous assurer que nous sommes sur la bonne voie (ou pas) dans la suite de notre travail ensemble.

Une fois que nous avons rédigé notre contrat d'équipe, repensons à notre responsabilité partagée d'être pleinement impliqué, comme membre d'équipe, dans la partie (pour ne pas « échapper le ballon »). Vous avez tout en main pour gagner ! Il vous restera à maintenir le cap sur la vision, grâce aux bons indicateurs.

Des indicateurs qui servent à récompenser ou à blâmer ne permettent pas d'avoir des conversations constructives. Le défi, pour la bonne gestion de notre entreprise, est d'identifier quelques indicateurs de performance clés qui sont en lien avec notre vision et qui nous donnent une vue d'ensemble de la performance. La discipline avec laquelle nous suivrons ces indicateurs et, surtout, la qualité des discussions qui en découleront, confirmeront ou infirmeront nos choix d'indicateurs. Les indicateurs servent d'abord et avant tout à nourrir la discussion d'équipe et les entretiens stratégiques qui sont importants pour l'organisation.

Dernier point pour maintenir le cap sur notre réussite : reconnaissons et *célébrons* en équipe nos progrès, nos petites victoires et nos grandes réussites. N'oublions pas de savourer et de partager notre enthousiasme avec l'équipe : nous nourrissons ainsi notre énergie !

QUESTIONS DE COACHING

- Quelle est votre contribution au succès de l'entreprise ?

- En quoi la vision de votre entreprise revêt-elle un sens personnel pour vous ?

- En quoi liez-vous la vision de l'entreprise à celle de votre secteur ?

- Comment pourriez-vous déléguer des rôles dans vos réunions d'équipe ?

- En quoi la délégation de rôles pourrait-elle améliorer votre dynamique de réunion ?

- En quoi vous donner des normes et un contrat d'équipe pourrait vous permettre d'atteindre les objectifs et de concrétiser la vision ?

- Comment évaluez-vous vos indicateurs de réussite ?

- Qu'allez-vous implanter dès aujourd'hui ?

NOTES

Témoignages

Grégoire Baillargeon définit l'alignement comme étant la raison commune, « c'est la compréhension commune sur notre direction commune – pourquoi nous sommes tous ici ». Et pour lui, c'est cet alignement qui va créer le succès. « Dans le milieu bancaire, on pourrait s'attendre à trouver une culture plus individualiste, toutefois même dans un environnement capitaliste, rien ne bat une raison commune, c'est ce que les gens veulent ». Il aborde aussi l'importance de célébrer les succès d'équipe. « Ceci permet de créer un renforcement des comportements de collaboration souhaités. La définition du succès et la célébration de ces succès permettent aux gens de comprendre ce qu'on veut créer ».

Dans la même lignée, Jan-Fryderyk Pleszczynski souligne l'importance de la contribution des gens à la définition de la vision. « Pour que les gens veuillent te suivre comme leader, il faut que ce soit leur vision et leurs objectifs. » Il ajoute : « Quand nous sommes leader, la vision n'est pas juste la nôtre, les gens y ont eu de l'influence, ils y ont apporté du leur, ils ont eu l'espace pour l'intégrer et la faire leur – ça devient *notre* vision. Si l'on se soucie réellement des autres personnes, on les aide à rester alignées sur la vision pour qu'elles puissent ensuite y travailler avec facilité. »

Jan accorde de l'importance à la façon de communiquer la vision afin qu'elle soit inspirante pour tous. « Un des mandats les plus importants du leader est de raconter une histoire, de mettre en image la vision, de donner un sens au but à atteindre. C'est dans ce cas que tu as réussi à ouvrir une porte et à donner du sens à tous les efforts fournis. » Manon Brouillette abonde dans la même direction. Pour elle : « Tu dois créer une histoire autour de la vision, utiliser des mots puissants et imagés que les gens puissent s'approprier et véhiculer. » Elle nous encourage à imaginer une définition de vision qui soit le résultat d'un exercice collectif, où les gens auront pu s'approprier cette vision. D'autant plus que Manon sait l'importance pour les « milléniaux » de savoir comment leur contribution s'insère dans la mission de l'organisation.

Charles Guay complète en nous partageant ces quelques « trucs », qu'il a élaborés pour gérer ses réunions d'équipe avec cohérence et mettre en valeur l'intelligence collective :

1. S'assurer que les agendas apportent de la valeur, que les questions importantes sont mises sur papier ;

2. Déléguer les rôles en rotation pendant les réunions, ce qui permet d'éviter que 20 % des gens monopolisent 80 % de la rencontre ;

3. Accepter le fait que nous faisons tous des erreurs ; se rappeler que celles-ci contribuent à notre développement ;

4. Poser des questions : quels sont les risques, quelles sont vos préoccupations ? Cela éclaircit les non-dits ;

5. Solliciter l'implication de tous ;

6. Au besoin, demander à chacun de mettre deux ou trois commentaires sur papier avant de faire un tour de table, pour s'assurer que tous ont voix au chapitre et s'approprient la décision ;

7. Laisser libre cours aux débats sains ;

8. S'exprimer en dernier ; laisser la parole aux autres personnes pour ensuite donner son opinion en fonction de l'effet souhaité ;

9. Célébrer les petites victoires en cours de route !

Culture

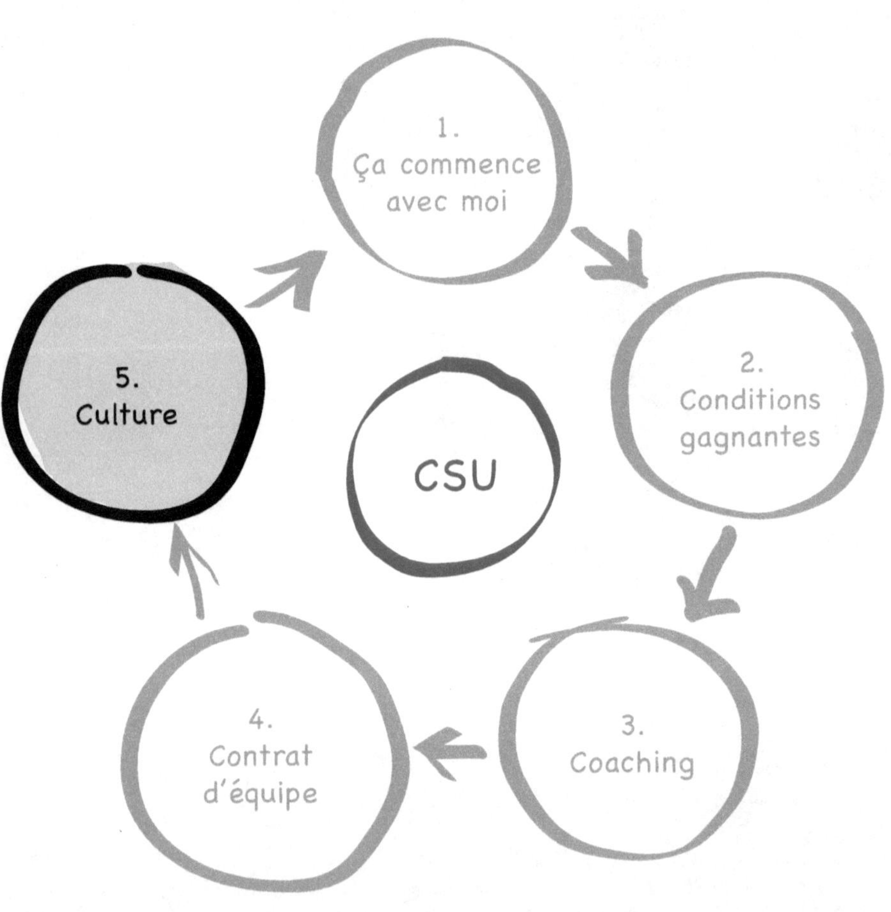

1.
Ça commence
avec moi
2.
Conditions
gagnantes
3.
Coaching
4.
Contrat
d'équipe
5.
Culture
CSU

Patricia est directrice principale dans le domaine de l'assurance. Elle est membre du comité de gestion de l'entreprise et gère une équipe de six chefs de secteurs. Son équipe complète regroupe environ soixante-quinze personnes. Récemment, elle a embauché et intégré une nouvelle gestionnaire, Émilie, dans son équipe. Patricia constate qu'Émilie, après quelques mois en poste, est très compétente, créative, stratégique et opérationnelle à la fois. Elle apporte une valeur ajoutée pour redéfinir l'« offre client », qui en avait grandement besoin. Émilie a un caractère fort, elle est fonceuse et déterminée. Des rumeurs commencent à circuler sur les répercussions de son style de gestion sur la mobilisation de son équipe. Des collègues se plaignent régulièrement de leur difficulté à collaborer avec elle. Lors de la dernière réunion de gestion, elle a haussé le ton et fermé brusquement son cahier de notes. Patricia a par la suite abordé cet écart de conduite avec Émilie, qui lui a répondu que c'était normal de s'être emportée dans une telle conversation avec ses collègues, qu'elle considère « vieux jeu » alors qu'elle est un agent de changement. Patricia sort perplexe de cette conversation.

Une fois que chacun aura approfondi sa conscience de soi, qu'ensemble vous aurez mis en place des conditions gagnantes, apprivoisé une approche par le coaching et rédigé un contrat d'équipe, il en découlera nécessairement une transformation de votre culture organisationnelle.

Changer et se transformer, soi-même et en équipe, exige du courage. Le courage d'oser faire autrement, de sortir de sa zone de confort, de faire des erreurs et des faux pas.

Le leadership implique de changer soi-même et de savoir gérer le changement avec ses équipes pour installer une culture de responsabilisation et d'innovation. Pourtant, personne n'est naturellement enclin au changement, puisque celui-ci implique d'accepter de perdre le contrôle, de faire confiance à l'inconnu, d'être vulnérable, de faire face à ses peurs. Le vrai changement peut difficilement avoir lieu sans un minimum de courage. Un ami sage me disait dernièrement, alors que je lui exprimais mon bouleversement en raison d'un changement que j'opérais : « Si ça ne te rendait pas inconfortable, c'est que le changement ne serait pas suffisamment important. »

20. LOMBARDO Michael M., EICHINGER Robert W., *FYI: For Your Improvement, A Guide for Development and Coaching* (4th Edition) *For Leaders, Mentors, and Feedback,* 2004

On entend souvent parler de « courage managérial ». Les chercheurs Mike Lombardo et Bob Eichinger[20] ont défini ce courage comme suit : « Dire ce qui a besoin d'être dit, au bon moment, à la bonne personne, de la bonne manière. » Cela peut sembler simpliste, mais prenons le temps d'y regarder de plus près. Est-ce que nous disons toujours ce qui a besoin d'être dit, au bon moment, à la « bonne personne » et de la « bonne manière » ?

Attardons-nous ici aux conditions qui permettent de véritablement insuffler une nouvelle culture au sein de notre organisation : la gestion avec tête, coeur et courage, l'instauration d'un leadership contextuel et la capacité d'avoir des conversations difficiles.

Gérer avec tête, cœur et courage pour innover et croître

21. DOTLICH David L., CAIRO Peter C., RHINESMITH Stephen H., *Head, Heart and Guts: How the World's Best Companies Develop Complete Leaders,* 2006.

Gérer avec tête, cœur et courage[21] représente pour moi le changement de culture organisationnelle que nous devons opérer pour nous départir de l'ancien modèle traditionnel de leadership, fondé sur l'expertise, au profit d'un nouveau modèle, fondé sur le contexte.

Le modèle traditionnel de leadership a été fondé sur la connaissance, sur les justes réponses, sur « la tête », avec tout ce qu'elle comprend, c'est-à-dire la vision, l'analyse, la recherche de solutions, les finances, les chiffres, les indicateurs de performance, le vrai et le faux. Pendant de nombreuses années, les gestionnaires avaient le pouvoir et leurs employés étaient des exécutants dont le mandat principal n'était pas la réflexion mais plutôt l'accomplissement des plans dessinés par la direction. Le leader devait donc avoir réponse à tout. Selon cette forme de gestion et cette réalité d'affaires, le leader devait comprendre la stratégie et la structure, et compter sur sa propre expertise pour apporter de la valeur : il défendait invariablement son point de vue. C'est ainsi qu'il portait une vision et prenait de bonnes décisions stratégiques. Ce modèle a été longtemps très pertinent. Il l'est encore, à moindre dose.

22. *L'acronyme renvoie aux théories du leadership de Warren Bennis et Burt Nanus*

Nos organisations ont évolué, l'environnement d'affaires est dynamique. Je ne connais pas d'entreprise qui prône le *statu quo* comme modèle d'affaires ou comme culture d'entreprise qui puisse réussir à long terme. Les besoins de nos clients évoluent, les changements – qu'ils soient d'ordre technologique, organisationnel ou autre – font maintenant partie de notre quotidien. Dans ce monde de « VUCA[22] » , nos employés doivent réfléchir, s'adapter, évoluer, collaborer, créer, cocréer et innover pour que l'entreprise ait du succès. Cet environnement d'affaires changeant exige que soit remis en question notre modèle traditionnel de leadership.

Revisitons la notion d'environnement VUCA et les besoins qu'elle génère.

Le modèle VUCA

V	U	C	A
VOLATILITÉ	**INCERTITUDE**	**COMPLEXITÉ**	**AMBIGUÏTÉ**
Besoin de vison	Besoin d'agilité	Besoin de courage	Besoin de compréhension

Volatilité : Même si nous avons toutes les données en main, des défis inattendus, instables et de durée inconnue surgissent.

Incertitude (*Uncertainty*) : Les causes et les conséquences des événements sont connues, on entrevoit des possibilités de changement, mais le résultat demeure incertain et inconnu. L'incertitude génère un besoin d'agilité.

Complexité : Même si nous avons toutes les données en main, elles ne sont pas nécessairement faciles à comprendre ; beaucoup de variables sont à considérer dans le prisme d'analyse. La complexité crée un besoin de courage impliquant la prise de risques sans mesurer tout parfaitement.

Ambiguïté : Même si nous avons toutes les données en main, les liens entre elles ne sont pas clairs. Aucun précédent n'existe. L'ambigüité génère un besoin de compréhension globale.

Dans un tel contexte, il est impossible d'avoir réponse à tout. Notre travail consiste à comprendre le contexte, mobiliser les bonnes personnes selon le travail à accomplir, déclencher les bons processus pour qu'émergent des solutions adaptées. En introduisant un leadership contextuel, nous passons du pouvoir de la bonne réponse au pouvoir du bon processus. Le leadership contextuel prend en compte les valeurs, la culture et les liens interpersonnels, il implique le risque qu'un joueur dépende d'autrui pour augmenter sa valeur et valorise la force de l'équipe. Il en découle une implication accrue, un « alignement » clair et une vision intuitive de l'équipe, où les relations comptent.

- En quoi votre leadership est-il traditionnel ; à quel point est-il adapté au contexte d'affaires ?
- En quoi, comme comité de gestion, répondez-vous aux besoins de vision, d'agilité, de courage et de compréhension globale de votre organisation ?
- Comment l'environnement VUCA vous affecte-t-il en tant que leader ?
- En tant que leader, qu'est-ce qui pourrait vous aider à mieux évoluer dans cet environnement VUCA ?

Nous avons une tendance plus traditionnelle vers un leadership « de tête » : c'est ce qui a été hautement valorisé dans le passé et qui nous sécurise encore aujourd'hui. Les leaders ont généralement connu le succès grâce à cette approche de tête liée avec les styles de leadership expert et directif, que nous avons vus précédemment. Nous avons encore besoin de notre tête, bien évidemment. On ne veut pas dépouiller les leaders de leur intelligence ! Gérer avec la tête va de soi : nous devons comprendre, raisonner, établir des plans d'action, considérer plusieurs options pour prendre une décision, évaluer les effets de nos démarches et mesurer l'atteinte de nos objectifs.

Cependant, il est tout aussi important d'approcher le milieu professionnel avec cœur et courage. J'associe le cœur et le courage aux styles de leadership coach, visionnaire, affiliatif et démocratique. Coacher implique d'écouter notre interlocuteur et de s'intéresser à lui avec sincérité. Porter la vision implique de la transmettre aux gens et de les inspirer. Agir démocratiquement implique de ne pas avoir réponse à tout et de valoriser la contribution de tous. Ce sont dans ces zones que le cœur et le courage deviennent indispensables.

Gérer avec tête, cœur et courage, voilà pour moi une invitation à être complet et à développer une connexion avec les autres.

Gérer avec le cœur, c'est d'abord et avant tout se rapprocher des gens, communiquer d'humain à humain. Cela découle aussi d'un désir d'aider les gens, de les former et de les aider à s'épanouir pour qu'ils contribuent pleinement à l'œuvre commune. L'approche par le coaching que nous avons explorée au chapitre 3 implique de travailler avec son cœur, puisqu'on ne peut pas coacher uniquement avec la tête.

**Comme leader, voici quelques pistes
pour gérer avec cœur :**

- Gérer en vertu de nos valeurs ;
- S'intéresser à nos employés et collègues de façon curieuse, ouverte et sincère ;
- Lorsque nous discutons de leur perfectionnement, demander à nos employés quels objectifs ils souhaitent atteindre en termes de vie personnelle et de vie professionnelle ;
- Considérer les émotions (les nôtres et celles d'autrui) lorsque nous prenons une décision ;
- Jauger le climat ambiant et l'humeur de notre équipe, tous les matins.

23. BROWN Brené, *Daring Greatly: How the Courage to Be Vulnerable Transforms the Way We Live, Love, Parent, and Lead*, 2012.

La notion de courage réfère à la capacité d'aborder tout ce qui doit l'être et de prendre des décisions « difficiles », pour autant qu'elles visent le bien de l'organisation. Le courage, c'est aussi savoir remettre en question le statu quo, s'exposer au risque, se montrer vulnérable, donner de la rétroaction, être prêt à avoir des discussions ouvertes, s'assurer que chaque personne a tout ce dont elle a besoin pour réussir, et désirer trouver des solutions ensemble. « Le courage, c'est avant tout se dévoiler » (*Courage starts with showing up and letting ourselves be seen.*) Brené Brown[23]

Comme leader, voici quelques pistes pour gérer avec courage :

- Donner une rétroaction franche, même sur des sujets sensibles ;
- Gérer la performance de notre équipe ;
- Nous demander si nous disons tout ce qui a besoin d'être dit ; si nous nous adressons à « la bonne personne au bon moment » ;
- Travailler sur la manière de dire, avec le souci de préserver la dignité de chacun ;
- Être prêt à recevoir les émotions de l'autre ;
- Questionner le *statu quo* lorsque nous pensons qu'il existe une meilleure option ;
- Admettre à notre équipe que nous n'avons pas réponse à tout, mais que nous n'abandonnerons pas la partie ;
- Rester ouvert à toutes les possibilités.

Lorsque Patricia m'a raconté la conversation qu'elle avait eue avec Émilie, elle a compris qu'elle devrait lui parler de nouveau pour comprendre sa perspective d'« agent de changement », qui semblait la légitimer dans son attitude cassante. Patricia a réfléchi à des façons constructives de lui dire ce qui avait besoin d'être ajusté dans son attitude, à un moment qui serait opportun pour obtenir son écoute. Elle reconnaissait l'apport opérationnel et stratégique d'Émilie dans un monde de VUCA et en même temps, avec cœur et courage, elle tenterait de la rallier à des valeurs de collaboration, de bonne entente et de respect. Elle l'informerait des répercussions dans l'équipe de toute attitude allant à l'encontre de ces valeurs. Elle tracerait une ligne claire entre la conduite qui est attendue d'elle et les comportements qui ne seront pas tolérés, tant avec les collègues qu'avec les employés. Patricia m'a dit qu'elle aborderait la conversation avec ouverture et inviterait Émilie à trouver elle-même comment s'améliorer.

Les gens attendent de leur leader qu'il ait le courage de prendre les décisions qui s'imposent, même quand c'est difficile. Le courage n'est pas un luxe ! Il est un prérequis puisqu'il constitue la porte d'entrée vers une culture d'entreprise qui favorise la remise en question du *statu quo* et l'innovation. Dans un environnement VUCA, nous ne pouvons plus appliquer des vieilles recettes à un nouveau problème ; nous pouvons nous en inspirer mais le contexte nous force à renouveler constamment notre regard sur les situations et les enjeux.

Une culture d'innovation, de croissance et d'agilité passe par un leadership de contexte qui fait appel autant à la tête qu'au cœur et au courage. Faire preuve de ces trois ressources que nous possédons est devenu un impératif en affaires, qui donne des résultats positifs pour l'entreprise et offre aux gens, des occasions de se développer.

Une culture qui favorise les « vraies » conversations

En tant que leader, j'ai parfois évité des conversations de peur de déstabiliser mes collègues ou de démobiliser mes employés. Et j'ai souvent dû prendre mon courage à deux mains lorsque venait le temps de rapporter des écarts de performance ! Le défi était surtout dans la façon de le dire, afin de préserver la bonne entente.

Donner de la rétroaction vous semblera peut-être une compétence simple et élémentaire en gestion. Pourtant, à quelle fréquence donnez-vous de la rétroaction ? À quelle fréquence avez-vous des conversations franches et honnêtes ?

> *Un leader qui, comme Patricia, gère avec sa tête, son cœur et son courage, accorde de la valeur au pouvoir de l'équipe et compte sur les individus et les relations pour réussir. Une des clés qui permettent d'être et d'agir en leader contributeur est la capacité d'aborder les conversations difficiles ou sensibles, et de donner de la rétroaction qui sera bénéfique à nos collègues.*

Une conversation qui aborde les questions délicates sera franche, transparente, ouverte, bidirectionnelle, comprendra une charge émotive, des points de vue différents qui semblent s'opposer, des enjeux perçus comme étant importants pour au moins un des interlocuteurs, et dont un conflit pourrait potentiellement émerger.

Parfois, nous évitons la conversation qui, nous le craignons, pourrait affecter le bon cours des opérations. Nous préférons nous imaginer que les choses vont s'arranger avec le temps, que notre intervention serait vaine. Nous anticipons ou redoutons la réaction de l'autre. Soyons honnêtes : nous manquons tous parfois de courage et nous trouvons un prétexte pour nous défiler !

Éviter « la » conversation importante fait pourtant en sorte que les problèmes persistent, qu'ils s'amplifient, que le climat devient stressant et que les gens quittent l'organisation. Avoir cette conversation permettrait sûrement d'atteindre une meilleure performance d'équipe et d'entreprise.

Les conversations difficiles sont partout : elles sont essentielles à la productivité, au dévouement et à la performance globale de nos entreprises. Elles permettent de progresser, de résoudre des problèmes, de prévenir les conflits et d'améliorer le climat de travail. Elles exigent donc notre meilleure intention et le perfectionnement de nos compétences et de celles de nos équipes.

24. VITALSMARTS, *The Cost of Conflict Avoidance*, 2010.

Une étude menée par VitalSmarts[24] a conclu que **95 % des employés d'une entreprise se butent à des difficultés à communiquer leurs préoccupations à leurs collègues**. En contrepartie, ils rumineraient de façon excessive sur des enjeux cruciaux, se plaignant, se fâchant et abattant du travail non nécessaire pour éviter la confrontation. Les employés ont même évalué à huit heures de travail et 1 500 $ de perte le coût de ces conversations cruciales évitées !

Si l'on multiplie ce coût et qu'on l'applique à 95 % de nos employés, le coût pour l'organisation devient considérable. Et il devient important et urgent de nous attarder à cet enjeu de taille ! Comme tout commence avec soi, je vous propose encore quelques pistes de réflexion.

Dans le cadre de mon accompagnement auprès de Patricia, nous avons exploré ses capacités à aborder les conversations difficiles avec ses employés et ses collègues.

- *Quelle conversation difficile avait-elle abordée récemment ?*
- *Quels enjeux avaient été soulevés ?*
- *Quand elle pensait à la performance de son équipe, quelles étaient les conversations cruciales qu'elle avait tendance à éviter ?*
- *Quelle rétroaction avait-elle évité de donner ?*
- *Pourquoi n'avait-elle pas approfondi sa conversation avec Émilie ?*
- *Quelles étaient les conséquences d'éviter les conversations difficiles ?*
- *Comment, en comité de gestion, pouvait-elle s'assurer d'aborder honnêtement les conversations difficiles ?*

Patricia a pris conscience de ses zones grises en matière de conversations honnêtes. Elle a constaté qu'elle avait tendance à demeurer en surface pour ne pas blesser les autres personnes et que, ce faisant, elle manquait parfois de clarté. Elle a aussi mentionné qu'elle avait tendance à laisser les choses se faire d'elles-mêmes, ce qui, parfois, fonctionnait et, parfois, pas...

Comment Patricia s'est-elle préparée à sa conversation avec Émilie ? Elle a utilisé les outils que nous avons vus aux chapitres précédents :

- *Se positionner dans « l'Arène » – Se préparer mentalement à se montrer au meilleur de soi, en étant conscient, ouvert et en identifiant son intention.*
- *Adopter l'état d'esprit du coaching (« Je suis OK ; l'autre est OK ») – Être curieux, séparer la personne de son opinion, mettre l'accent sur la relation et la collaboration.*
- *Se mettre dans la peau de l'autre – Comprendre sa perspective, ses besoins, son intention et demander sa rétroaction sur la situation.*
- *Varier son niveau d'écoute – Passer de l'écoute de soi et des mots à la pleine écoute de l'autre ; employer des techniques de questionnement, de reflet, et marquer des pauses silencieuses.*
- *Adopter l'approche par le coaching – Clarifier le résultat souhaité, explorer les options ensemble, inciter à l'action.*

Cette approche nous prépare à mieux aborder les conversations difficiles et à mieux gérer les conflits.

> *« Ce n'est pas le critique qui est digne d'estime ni celui qui montre comment l'homme fort a trébuché ou comment l'homme d'action aurait pu mieux faire. Tout le mérite appartient à celui qui descend vraiment dans l'arène, dont le visage est couvert de sueur, de poussière et de sang, qui se bat vaillamment, qui se trompe, qui échoue encore et encore – car il n'y a pas d'effort sans erreur ni échec –, mais qui fait son maximum pour progresser, qui est très enthousiaste, qui se consacre à une noble cause, qui au mieux connaîtra in fine le triomphe d'une grande réalisation et qui, s'il échoue après avoir tout osé, saura que sa place n'a jamais été parmi les âmes froides et timorées qui ne connaissent ni la victoire ni l'échec. »*
>
> Theodore Roosevelt, 1910

QUESTIONS DE COACHING

- Que retenez-vous de l'approche de gestion tête-cœur-courage ?

- Qu'aimeriez-vous explorer davantage et pourquoi : le leader de tête, le leader de cœur ou le leader courageux ?

- Que ferez-vous pour perfectionner cet aspect ?

- Diriger avec tête, cœur et courage aura quel effet sur votre équipe, selon vous ?

- Comment saurez-vous que vous exercez l'influence que vous souhaitez sur votre équipe ?

NOTES

Témoignages

Pour Manon Brouillette : « Avoir les vraies discussions ouvre des portes jusque-là inespérées, des discussions permettant de faire, dans le respect, des choix de nouveaux comportements ou de nouveaux horizons. » Pour elle, cet acte de courage peut être très puissant, en ce sens où, souvent, les gens n'attendent que cela. Elle ajoute qu'il est souvent plus facile de laisser les choses dégénérer, et que c'est le courage d'aborder les sujets délicats qui fait en sorte que les deux personnes puissent s'exprimer. Sarah Leclerc souligne aussi l'importance des conversations franches : « Comme leader, je suis une facilitatrice de vraies conversations ; mon rôle est de permettre aux gens d'exprimer leurs opinions de façon vraie et authentique, et de s'ouvrir. »

Charles Guay tient un discours similaire. Selon lui, pour prendre des décisions porteuses comme leader et comme comité de gestion, il est important de créer une culture qui permette aux gens d'exprimer leur opinion et leur désaccord. Charles souligne aussi l'importance, comme président, de ne pas se mêler des décisions qui ne lui incombent pas. « D'abord, puisque se mêler des décisions des autres personnes ou, pire, les prendre à leur place les déresponsabilise, crée de la confusion et, surtout, ça ne les aide pas à cultiver leur propre muscle décisionnel. Pour bâtir une équipe forte autour de moi, je dois laisser les autres développer leur muscle décisionnel. »

Pour Jan-Fryderyk Pleszczynski, qui souhaite avoir l'heure juste de ses collaborateurs : « Quand les gens nous disent les vraies affaires et nous donnent l'heure juste sur une situation d'affaires, même si nous n'aimons pas ça, nous devons avoir une attitude d'ouverture. C'est comme ça qu'ils vont continuer à nous dire les vraies affaires. Mon travail est de savoir ce qui se passe dans mon organisation ; il faut que les gens se sentent à l'aise d'exprimer ce qui va bien et ce qui va moins bien. S'il y a une conséquence lorsqu'ils parlent, ils n'oseront plus me parler. » Jan insiste finalement sur l'importance d'avoir le courage de se maintenir au plus haut niveau straté-gique possible : « Il faut monter et descendre de 50 000 pieds, jouer très haut et très bas. » La vision et l'exécution sont intimement liées. « C'est comme un jeu d'échec avec ses stratégies d'exécution ; et le vrai test de ta vision, c'est l'exécution. »

CONCLUSION

Les leaders rencontrés m'ont tous prouvé que la réussite, ça Commence avec eux. Ils ont appris à se connaître et à tisser des relations de façon empathique et sincère. Ils font preuve d'introspection et de conscience de leur influence. Ils mettent tous en place des Conditions gagnantes, et ce, de façon consciente. Ils ont tous cultivé un style de leadership qui s'adapte au contexte, et des capacités de Coaching indéniables. Ils élaborent un Contrat d'équipe fort qui permet d'envisager une destination claire, et ils mettent en place des moyens de lui donner vie. Ils développent une Culture d'entreprise qui favorise la responsabilisation, l'innovation, la collaboration et l'agilité.

J'espère qu'avec ma baguette magique, je vous aurai transmis ma conviction profonde que le développement de votre leadership vous permettra d'atteindre des résultats insoupçonnés.

Et j'espère que les pistes proposées dans le présent ouvrage contribueront à la transformation de votre comité de gestion, pour créer un climat propice à la performance de votre entreprise. Je souhaite qu'en adoptant des conditions gagnantes et une posture de coach, vous éleviez votre jeu au plus haut niveau stratégique possible, pour responsabiliser vos collaborateurs et vos équipes afin qu'ils et elles puissent offrir en retour leur pleine contribution, et puissent continuellement innover. Par le fait même, votre culture organisationnelle se trouvera renouvelée. Dans le contexte de compétitivité dans lequel nous vivons, je suis convaincue que tous les leaders qui atteindront ce niveau d'excellence et de vérité d'équipe connaîtront le succès.

Peut-être avez-vous trouvé, parmi les exemples, les exercices, les questions et les témoignages proposés ici, des réflexions qui vous ont tiré hors de votre zone de confort – qui ont remis en question vos façons de faire ? Si tel est le cas, j'aurai gagné mon pari ! Je suis convaincue que c'est dans cette zone d'inconfort que nous nous améliorons, que nous accédons à notre plein potentiel et que nous nous transformons.

Je vous souhaite, à vous et vos collaborateurs, une bonne suite de transformation ! Et beaucoup de succès !

NOTES